低リスク順にわかる！

預貯金より ちょっと おトクな お金の増やし方

公認会計士・税理士 永江将典 著

秀和システム

はじめに

真面目に働いてるのに、手取りが減る時代

インフレ、円安、増税に年金改悪と、毎日コツコツ働いていても、私たちの努力とは関係ないところで自由に使えるお金が減っていく時代が来てしまいました。しかし、そんな時代でも賢くお金を増やしている人たちがいます。そして、中には投資の初心者でも始めやすい低リスクでお金を増やす方法もあります。

はじめまして。税理士で投資家の永江です。仕事柄いろいろな方のお金の相談に乗ってきました。ずっとお金で苦労し続ける人もいれば、どんどんお金持ちになっていく人も見てきました。

お金持ちになる人にはある共通点がありました。それが、投資です。稼いだお金の一部を投資へ回し、働かなくてもお金が入ってくる、本業とは別の収入の柱を作っていました。私も彼らの真似をして投資を始め、お給料よりも投資の収入が多くなり、投資にも詳しくなれました。

投資の世界には、詐欺や損する可能性もありますが、正しい知識を身につければ、低リスクで賢くお金を増やすことができ、メリットがいっぱいあります。

たとえば最近、スーパーで買い物をする際、野菜やお肉など食料品が値上がりしていたり、家で使う電気代や車のガソリン代が高くなったり、家計の負担が増えているなぁ……と感じている方も多いのではないでしょうか。

生活費が上昇し始めると、銀行に預けているお金の価値が減っていってしまいます。こんなとき、投資からの収入が毎月1万円でも5万円でもあれば家計に余裕ができます。我慢して節約を続けストレスを感じることもなくなります。

しかし、日本人で投資をしている人は少数派です。多くの人が投資は怖い（お金が減ったり、詐欺にあって騙されたり）と思っています。そして、投資の失敗談は聞かされますが、投資で成功している人の話はあまり聞く機会がありません。

日本国民の三大義務は、納税、教育、そして勤労です。投資なんかより、真面目にコツコツ働くことが美徳とされてきました。結果、なんとなく投資は怖いとか、真っ当な道ではないといった印象が強くなってしまったようです。

けれども今の時代、何か始めないと家計は圧迫されっぱなしです。怖いけれども行動しなければ！　と考え始めた人のために本書を執筆しました。

まずは投資に慣れてほしいと思い、銀行にお金を預けるよりは金利がよく、かつ元本保証のある国債などリスクが低い投資先や、投資の初心者が知っておくべき、損をせずお金を増やす可能性を高めるための考え方を解説してみました。

私自身も、最初は毎月1万円でもいいから収入を増やしたいと思い、投資を始めたのが20年前です。失敗も数多くありましたが、現在では毎月１００万円以上、投資からの収入を作ることに成功しました。

いろいろな人の相談に乗る中で、投資の知識と情報の格差により、知らずに損をしている人がとても多いと感じてきました。本当にもったいない！　正しい投資を知って欲しい！　という想いから、この本を書かせていただきました。

本書がきっかけとなり、１人でも多くの方に、投資を通じてより豊かな人生を送っていただければ、著者としてこれ以上の喜びはありません。

ぜひ、本書のノウハウを利用して、投資による収入を増やしてもらえたらなと思います。

永江　将典

低リスク順にわかる！ 預貯金よりちょっとおトクなお金の増やし方 ―もくじ―

第1章 貯蓄だけではあなたのお金は目減りする！

第2章 金利1～2％で低リスク 国や自治体にお金を貸そう

第3章 金利4〜5%で低リスク ドル定期預金&アメリカ国債

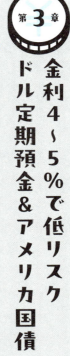

第4章 金利5・4% 貯蓄型生命保険でお金を増やそう

第5章 金利4〜5％ 世界の大企業にお金を貸そう

第6章 長期・分散投資でリスクを減らしてお金を増やそう

注　意

(1) 本書は著者が独自に調査した結果を出版したものです。

(2) 本書は内容について万全を期して作成いたしましたが、万一、ご不審な点や誤り、記載漏れなどお気付きの点がありましたら、出版元まで書面にてご連絡ください。

(3) 本書の内容に関して運用した結果の影響については、上記 (2) 項にかかわらず、出版社ならびに著者は責任を負いかねます。

(4) 本書は情報の提供を目的としたものであり、特定の金融商品などの売買や特定の金融機関での取引などを推奨、勧誘するものではありません。

(5) 本書の全部または一部について、出版元から文書による承諾を得ずに複製することは禁じられています。

(6) 本書に記載されているホームページのアドレスなどは、予告なく変更されることがあります。

(7) 本書に記載されている会社名、商品名などは一般に各社の商標または登録商標です。

(8) 本書に記載されている金利などの金融商品情報は、特段の記載のない限り2024年6月30日時点のものです。

第1章

貯蓄だけではあなたのお金は目減りする！

1 なぜ「貯蓄」だけではマズイのか？①
銀行に預けておくとお金が減る時代！

「はじめに」でも触れたように、今、ただ銀行にお金を預けておくだけでは、お金は減ってしまいます。

「そんなバカな。銀行にお金を預けておけば、元本保証だしお金が減ることはない！」と思っている方は多いでしょう。

確かに過去30年くらいは、これは正しい考え方でした。しかし、最近は状況が変わってきました。

と言っても、1万円がいつの間にか8000円になっている、というわけではありません。**「減る」のはお金の「価値」です。**

詳しく説明しましょう。

お金の価値が減る、その原因は「インフレ」です。インフレとはモノやサービスの値段が上がること。そのためにお金の価値が下がってしまうのです。

最近、スーパーで買い物をすると食品や消耗品の値上がりが凄まじいことになっていますよね。いくつか値上がりしたものの事例を出してみます（図1－1）。

このようにいろいろなものが値上がりしています。その結果、持っているお金の金額が同じなら、買えるものの量がだんだん減っていきます。「お金の価値が下がる」と言ったのはこういうことなのです。

モノの値段は毎年2％ずつ上がっている⁉

日本のお金をコントロールしている日本銀行は、2013年1月に「毎年2％モノの値段が上がる状態を目指してお金をコントロールしていきます！」という内容を宣言しています（日本銀行HP「金融政策」参照）。

毎年2％ずつ物価が上がるとどうなるか、私たちの生活

食品名（メーカー）	値上げ時期	値上げ	上昇率
カップヌードル（日清食品）	2023年6月	214円→236円	10.3%
ミニカップ（ハーゲンダッツ）	2023年4月	295円→325円	10.2%
亀田の柿の種（亀田製菓）	2023年9月	280円→300円	7.1%
きのこの山（明治）	2023年6月	200円→215円	7.5%
コアラのマーチ（ロッテ）	2023年9月	100円→108円	8.0%

↑図1-1 値上がりした食品例

への影響を考えてみましょう。

まず、余裕資金100万円を銀行に預けていたとします。金利は0・02％ですが、税金が引かれると約0・016％*になります。10年間お金を預けておくと、100万円が100万1600円になり、1600円増えます。


*預金の利息にかかる税金は、20・315％です。内訳は、所得税15％、住民税5％、復興特別所得税0・315％です。本書では今後、20・315％の税金を簡略化して20％で計算していきます。


これに対して、物価は毎年2％ずつ上昇していきます。

今、ポテトチップスが仮に1袋100円だったとしましょう。1年後は102円、2年後は104円と値上がりしていきます。10年後にはポテトチップスは122円まで値上がりします。

では、10年後、銀行に預けておいたお金でポテトチップスを何個買うことができるか見てみましょう（図1－2）。

現在なら100万円で1万個買えるポテトチップスが、10年後は8217個しか買えなくなります。銀行に預けたお金は100万1600円と少し増えているにもかかわらず、購入できるポテトチップスの量は18%も減ってしまうのです。

お金を中心に考えると、銀行に預けておけばお金は減らないから安心です。でも、お金をいくら持っていてもお腹はふくれません。お金を食べ物に交換する必要があります。この交換できる食べ物を基準に考えると、物価が毎年2%上昇した場合、交換できる食べ物の量は減っていきます。**言い換えれば、お金の価値が毎年2%ずつ減っていくのです。**

	銀行のお金	ポテトチップスの値段	何個買える?	
	1,000,000円	100円	10,000個	
1年後	1,000,160円	102円	9,805個	買える量が2%減少＝お金の価値が2%減少
2年後	1,000,320円	104円	9,615個	
	1,000,480円	106円	9,428個	
	1,000,640円	108円	9,244個	
	1,000,800円	110円	9 065個	
	1,000,960円	113円	8,888個	
	1,001,121円	115円	8,715個	
	1,001,281円	117円	8,546個	
	1,001,441円	120円	8,380個	
10年後	1,001,601円	122円	8,217個	買える量が18%減少＝お金の価値が18%減少

↑図1-2 10年後にポテトチップスはいくつ買える？

そして、10年後にはお金の価値は18%も減ってしまいます。100万円を銀行に預けていたなら、約18万円もお金を損したことになります。

物価はこれからも上がり続ける

実は、日本は2021年頃まで約30年間、ずっと物価が上がらない時期が続いていました。図1－3は消費者物価指数の1970年以降の推移です。消費者物価指数とは、私たちが買うモノやサービスの平均値のことです。

私たちは約30年間も続いた、物価が変わらない時代に馴れてしまっています。

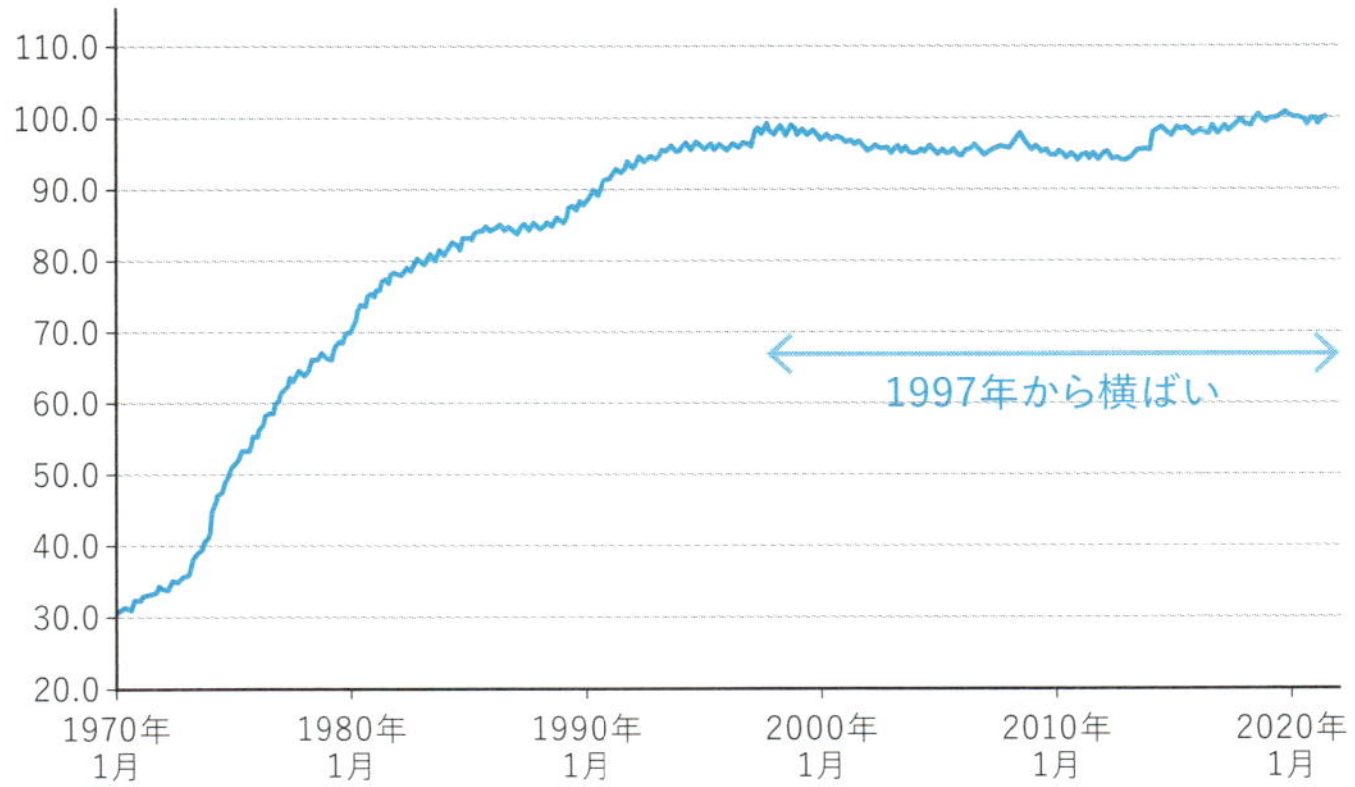

出典：総務省

図1-3 日本の消費者物価指数の時系列

しかし、ついに物価が上がり始めたのです。物価はこれからも上がり続けると経済の専門家などが予想しています。**これまでのように銀行に預けておけばいいや！と思っていると、モノの値段が上がるインフレによってお金の価値が減っていき、損してしまう可能性が高くなります。**

前述したように、日本銀行という日本のお金をコントロールする機関が「物価は毎年2％ずつの上昇を目標とします」と言っている以上、私たちもその事実を真剣に受け止めてお金とつき合っていかないといけない時代になってきています。

2 なぜ「貯蓄」だけではマズイのか？②
円安がインフレをさらに加速する

円安もお金の価値を下げる一因です。

円安になると海外からの輸入品が値上がりし、食料品や電気代が値上がりします。たとえばiPhoneは8年前と比べて約4万円も値上がりしていますが、その理由の1つは円安です。

2016年にiPhone7が発売されたときの為替レートは1ドル＝102円でした。7年後の2023年、iPhone15が発売されたときには1ドル＝147円になっていました（図1－4）。

iPhoneはアメリカでアップル社が作っているので価格はドルがベースです。ですから、アメリカでのiPhoneの価格が過去の販売価格と同じだったとしても、日本でiPhoneを買うときの価格は、1ドルの値段が上がったせいで値上がりしてしまいます。

たとえばｉＰｈｏｎｅの価格が５００ドルとしたら、１ドル＝１０２円の場合は５万１０００円、１ドル＝１４７円の場合は７万３５００円になります。このように、**アメリカでのｉＰｈｏｎｅの値段が変わらなくても、為替レートの影響で２万２５００円も値上がりすることになるのです**。

最近の食料品や電気代が値上がりしているインフレの背景には、実はこの為替レートの影響があり、結果、私たちのお金で買えるものの量が減っていってしまっています。円安もお金の価値を減らす一因なのです。

機種	発売日	発売日の為替レート	iPhone7発売日との比較
iPhone7	2016年9月16日	102円	−
iPhone15	2023年9月22日	147.67円	44.8%

図1-4 iPhone7とiPhone15発売時の為替レート

機種	発売日	日本価格	米国価格
iPhone7	2016年9月16日	72,800円	649ドル
iPhone15	2023年9月22日	124,800円	799ドル
	値上がり率	71.4%	23.1%

図1-5 iPhone7とiPhone15の日米価格比較

為替レート変動への対策が必要

最近、為替レートがどのくらい変化しているのか見てみましょう（図1－6）。

1990年～2020年頃までの約30年間は、だいたい1ドル＝100円～130円くらいの間で為替レートが動いていました。2023年から130円を超えて、今は1ドル＝160円くらいまで為替レートが変動し、円安傾向になってしまいました。この影響で、以前よりも石油やその他原材料、食品などの輸入価格が上昇し、私たちの生活はどんどん苦しくなっています。

これから先の為替レートがどうなるのか正確に予測できる人はいませんし、私たち

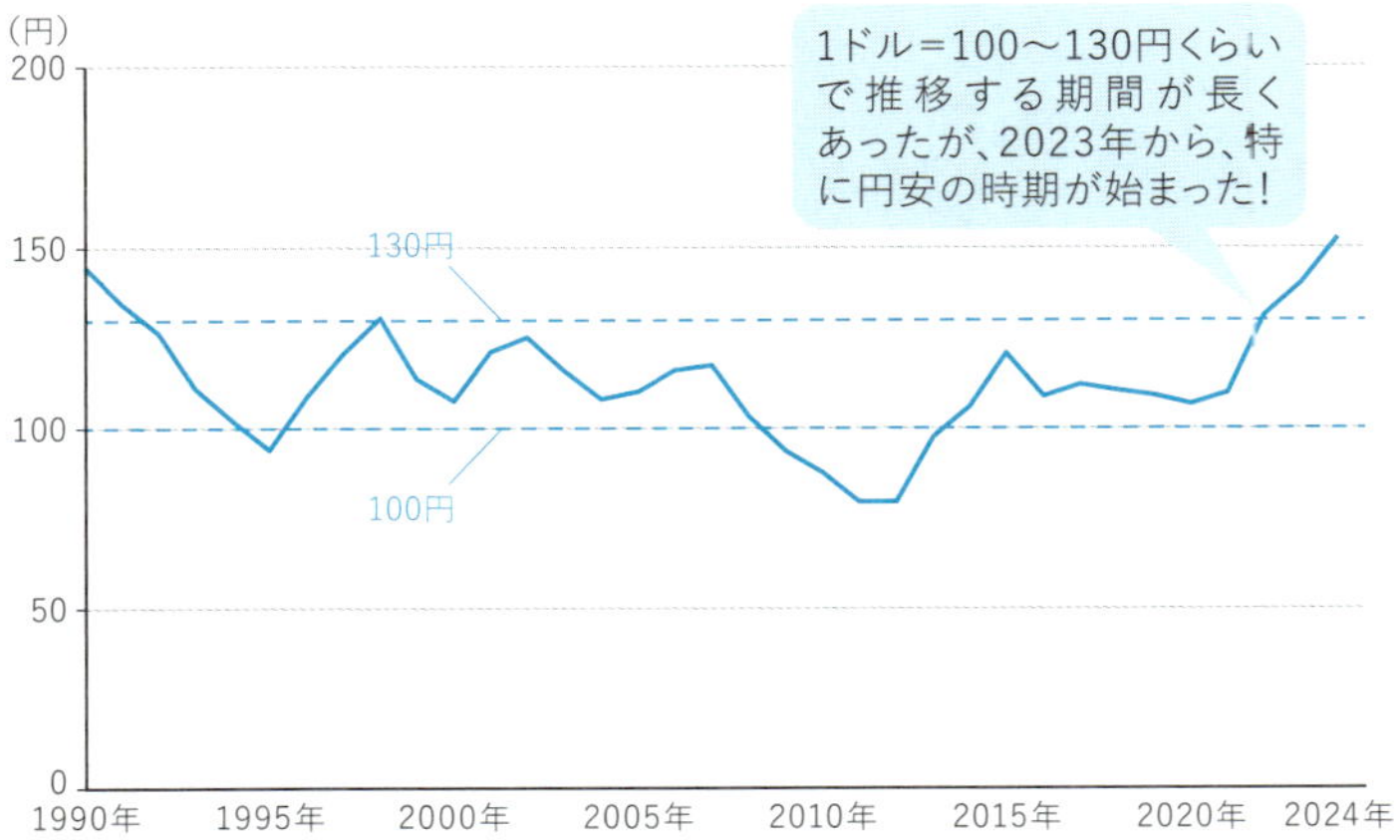

図1-6 為替レートの推移

のような一般人には予測困難です。

だからと言って何もしなければ、お金の価値は減る一方です。お金を減らさず守るために、何か対策を行わなければなりません。

しかし、安心してください。円安になってもお金を守る対策はあります。第2章以降で詳しく紹介していきます。

「円安」「円高」を理解しておこう

ここで「円安」「円高」についてきちんと理解しておきましょう。例として卵を使って解説します。

卵を買う、つまりお金（円）と交換するとき、今まで1個20円だった卵が、1個10円で買えるようになった場合を考えます。

①卵1個＝20円→1000円で卵は50個買える
②卵1個＝10円→1000円で卵は100個買える

卵の価格が下がれば、今までと同じ額のお金（円）でより多くの卵が買えるので、お金（円）の価値が上がったと言えます。このように、**交換するものに対してお金（円）の価値がアップすることを「円高」と言います。**

逆に、今まで1個20円だった卵が、1個50円になったらどうでしょう。

①卵1個＝20円→1000円で卵が50個買える
②卵1個＝50円、1000円で卵が20個買える

今度は卵の価格が上がったことで、同じ額のお金（円）で買える卵の数が以前よりも減りますので、お金（円）の価値が下がったと言えます。**お金（円）の価値が**

下がる＝買えるものが減る＝円安です。

この卵の価格が「為替レート」と考えれば、ドルと円の交換も同じです。

①1ドル＝100円→1000円を10ドルに交換できる
②1ドル＝50円→1000円を20ドルに交換できる

同じ1000円で手に入るドルの量が増えているため、円高です。この逆が円安です。

①1ドル＝100円→1000円を10ドルに交換できる
②1ドル＝200円→1000円を5ドルに交換できる

同じ1000円で手に入るドルの量が減っているため、円安になります。

円安・円高の家計への影響をまとめると次のようになります。

- 円安……輸入品の価格が上がるため、ガソリンや食料品などが高くなる。外貨建て資産の価値が上昇する。
- 円高……海外製品や海外旅行の価格が下がる。外貨建ての資産が目減りする。

3 なぜ「貯蓄」だけではマズイのか？③ 増税で100万円以上、あなたの手取りが減っている！

なぜこれからの時代、「貯蓄」だけではマズイのか、その3つめの理由は増税です。最近、消費税や住民税、住宅ローン控除の縮小など、いろいろな税金が引き上げられています。その結果、増税前に比べて私たちの手取りは生涯で100万円以上減っているのをご存知でしょうか？

では、日本の税収の推移を見てみましょう。

図1-7は、日本全体の所得税収と消費税収のグラフです。2002年から2022年にかけて20年間で所得税収は約15兆円から22兆5000億円へ1.5倍に増えています。そして、消費税収は約10兆円（消費税5％時代）から約23兆円（消費税10％時代）へ2.3倍と恐ろしい増え方をしています。

これに対して、税金を払う私たち日本人全体の平均年収の推移はどうでしょうか。

国税庁「民間給与実態統計調査」によると、２００２年の平均給与は４４８万円、20年後、２０２２年の平均給与は４５８万円とちょっとだけ増えてはいますが、20年間でほとんど変わっていません。にも関わらず、所得税は１・５倍、消費税は２・３倍に増えているのです。これでは家計が苦しくなるのは当たり前です。

これだけ税金が増え、私たちの手取りが減っていく時代になっていますが、銀行にお金を預けておいてもお金は増えません。

お金を守るために、自分で対策をしなければいけない時代が来ています。

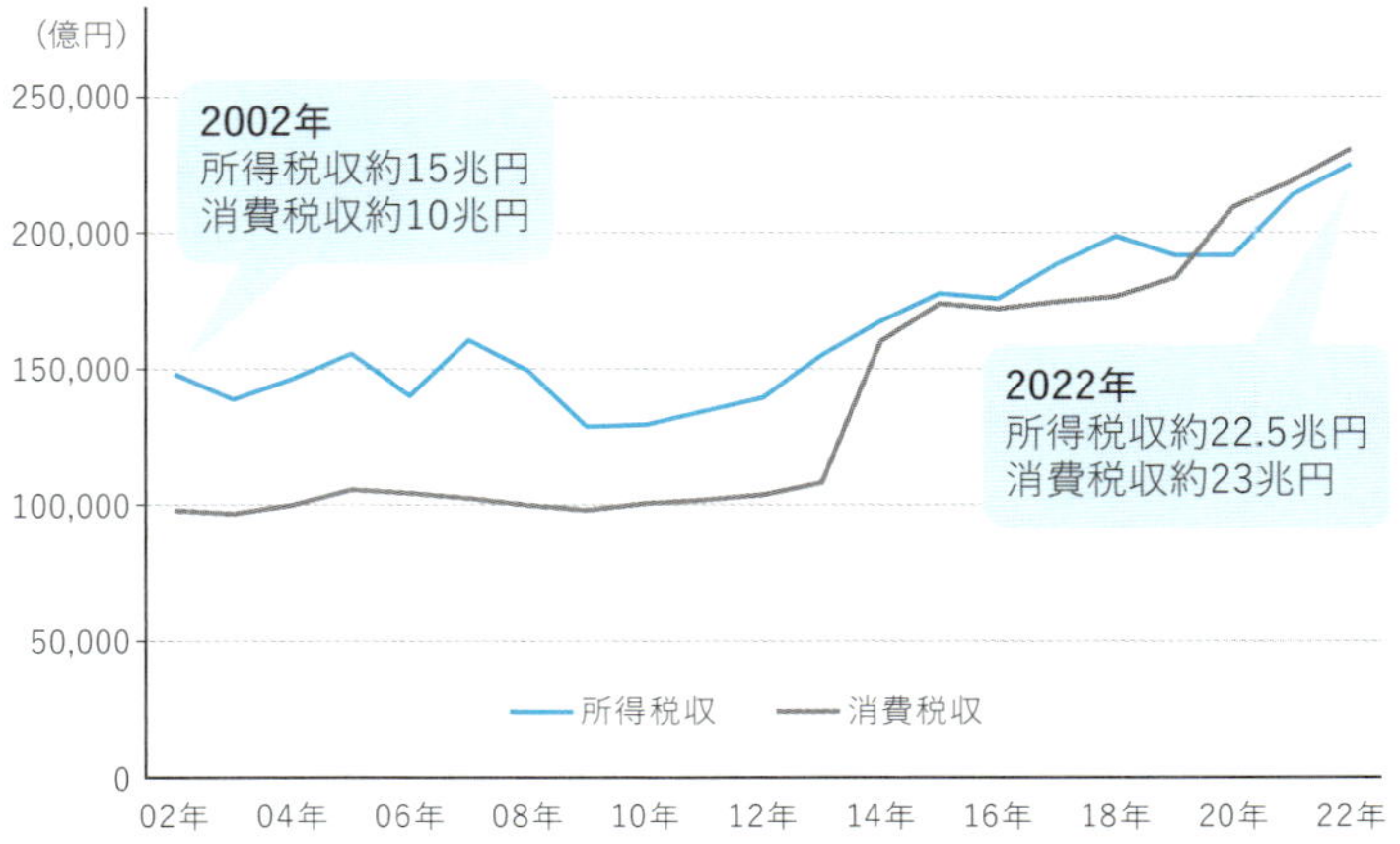

図1-7 所得税収・消費税収の20年間の推移

毎日払う税金の増税は、一生では100万円以上の影響がある！

私たちが買い物をするとき、毎日のように払っている消費税。一生でいくらくらい払うのか考えたことはありますか？

たとえば、生活費を月20万円使う家庭の場合、1か月で約2万円の消費税を払っています。1年間では24万円、30年間なら720万円の消費税を払うことになります。老後は生活費が減るかもしれませんが、それでも一生で数百万円の消費税を確実に払っています。

消費税は1989年に3％からスタートし、今は10％です。消費税がなかった時代と比べると、生涯で500万円以上の消費税負担が発生し、私たちの手取りが減っています。500万円あれば、ベンツだって買えてしまいます。

税金は一生付き合っていかざるを得ない、大きな出費の1つです。1年あたりの負担は少額でも、人の一生で考えると簡単に100万円以上の手取りが減る要因になります。

20年前は43兆円だった国の税収は、現在71兆円まで増えました。しかし、日本政府は、国の借金が１３００兆円以上あり、少子化で税金が減り高齢化で社会保障費（医療費や年金）が増加し、国を守るための防衛費で今後さらに税金が必要であるとして、まだまだ増税しようとしています。

今は10％である消費税も、15～20％へとさらに引き上げていかないと国の財政が持たないという予測もされています。実際、消費税の増税を匂わすニュースも時折流れてきます。ヨーロッパに比べると日本は消費税がまだまだ安く、増税の余地があるなどと言われています。本当にやめてほしいですが、消費税が増税される可能性は高そうです。

今後、５～10％消費税が増えることで、生涯での手取り収入が２５０～５００万円くらい減る可能性があります。私たちの生活を守るために、貯蓄以外の方法を考えるべき根拠はここにもあります。

4 銀行預金の金利をあらためてチェック！

ここまで、インフレ・円安で手持ちのお金がどんどん目減りし、かつ増税で手取りも減っていくというお話をしてきました。

家計を守る対策として、少しでも収入を増やすためには手持ち資金の運用を真剣に考えないといけない時代となっています。

従来は、銀行預金をはじめとする貯蓄も「お金を増やす」ために有効でした。しかし、何度も述べているように、低金利かつインフレ・円安の現在では、お金を預けている間に金利以上に物価が上がってしまい、お金の価値が減ってしまうでしょう。

参考のため、主な銀行の普通預金の金利と、定期預金の金利を調べて表にしました（図1－8、図1－9）。

銀行名	金利
三菱UFJ銀行	0.02%
三井住友銀行	0.02%
りそな銀行	0.02%
東京スター銀行	0.25%*
あおぞら銀行	0.20%
SBI新生銀行	0.15%

*給与の受け取り口座に指定していた場合の優遇金利（2024年6月現在）。

図1-8 銀行の普通預金の金利（2024年6月30日時点）

銀行名	1年定期	3年定期	5年定期	備考
三菱UFJ銀行	0.025%	0.15%	0.20%	300万円未満の場合
三井住友銀行	0.025%	0.15%	0.20%	300万円未満の場合
りそな銀行	0.025%	0.15%	0.20%	
東京スター銀行	0.25%	0.45%	−	ネット申込で50万円〜の場合
あおぞら銀行	0.21%	0.30%	0.45%	50万円以上300万円未満の場合
SBI新生銀行	0.05%	0.20%	0.30%	1,000円以上500万円未満の場合
SBJ銀行	0.22%	0.65%	0.80%	100万円〜の場合
静岡銀行ネット支店	0.50%	0.18%	0.23%	10万円〜の場合
住信SBIネット銀行	0.45%	0.20%	0.55%	5年、1,000円〜の場合

図1-9 主な銀行の定期預金の金利（2024年6月30日時点）

普通預金の金利、都市銀行は0・02％で横並びです。定期預金は預ける期間が長くなるほど金利は高くなります。普通預金よりは高い金利で運用ができますが、それでもインフレ・円安・増税の影響を考えると、預金だけではお金を減らさず守ることはできないでしょう。

なんせ、日本銀行の目標インフレ率が年2％ですから、むしろお金を預けている間に金利以上に物価が上がってしまい、使えるお金の額は減ってしまいます。

金利優遇キャンペーンにも注目しよう

ただ、図1－8、図1－9をご覧になるとわかるように、金利は銀行によってかなりばらつきがあります。

普通預金で目を惹くのは、東京スター銀行の0・25％です。給与の受け取り口座に指定していた場合の優遇金利ではありますが、都市銀行の10倍以上となっています。

100万円を預けた場合、三菱UFJ銀行の場合に受け取れる利息は1年で

200円、東京スター銀行で受け取れる利息は2500円と2300円もの差があります。

定期預金も、ときどきキャンペーン金利で募集されることがあります。インターネットで「銀行　定期預金　金利　ランキング」と検索すると、最新の金利情報やキャンペーン金利を見つけることができるかもしれません。実際に、2024年8月にはSBJ銀行が1口100万円〜、期間4年で年0・75%の定期預金を募集していました（募集期間は2024年8月末まで）。1口100万円〜と条件はありますが、通常より高い金利でお金を運用できるチャンスです。

お金を減らさず守るためには、こうした金利優遇のキャンペーンなどにも目を向けていくとよいでしょう。

5 投資初心者も安心！ お金を守りながら増やせる投資先

ここまで読んでいただいて、今の時代、お金を増やすには貯蓄では役に立たないことはご理解いただけたと思います。

ではどうすればお金を増やすことができるのか？　といえば、投資をして運用するほかないことも、もうおわかりでしょう。

けれども、投資に対する漠然とした不安感、大切なお金をかえって減らしてしまうのではないかという恐怖感はなかなか拭いきれないかもしれません。

そんな人のために、第2章からはお金を増やせる方法をリスクが低い順に紹介していきます。

その中には元本保証の商品もあるので、安心してください。

ポイントは、仮に損してもストレスが少ない小さな金額から始められるものからスタートして、投資に慣れることです。また、価格の変動が少ない投資から始めることも、お金を減らさず徐々に増やしていくコツです。

第2章以降で紹介する金融商品について、リスクとリターンなど特徴を簡単にまとめたので、興味のある章から読んでいただければと思います。比較のために銀行の普通預金・定期預金も掲載しました。

普通預金

リスク★★　リターン★　始めやすさ★★★★★　換金しやすさ★★★★★

普通預金は金利もほとんどつかないため、物価が上がれば銀行に置いてあるお金の価値は減ってしまいます。今やノーリスクなお金の預け先とは言えなくなってしまいました。普通預金に預けておくと、お金の価値が減る時代！　と覚えておいてください。

定期預金

リスク★★　リターン★　始めやすさ★★★★★　換金しやすさ★★★★★

普通預金よりは金利が高いですが、それでも1％以上の金利がつく定期預金はありません。日本銀行が物価上昇の目標を毎年2％ずつとしている以上、定期預金にしておいてもお金が減っていってしまいます。

日本国債

リスク★★　リターン★　始めやすさ★★★★　換金しやすさ★★★★

第2章で詳しく解説する日本国債の中には、金利が1％を超えるものもあります。預金よりは金利が高くなることがありますが、預金より換金がちょっと面倒臭いです（慣れれば簡単です）。

なお、国債は満期まで保有すれば元本が保証されていますが、満期前に解約すると少しだけ損をすることもありますので、満期まで保有する前提で投資するとよいでしょう。ただ、日銀の物価上昇の目標値2％よりも金利が低いため、リターンは星1つです。

ドル建て定期預金、アメリカ国債、ドル建て社債

リスク★★　リターン★★★　始めやすさ★★★　換金しやすさ★★★★

第3章で詳しく解説するドル建ての定期預金とアメリカ国債、第5章で紹介するドル建ての社債といった投資先は、金利4～5％を狙えます。満期まで保有すれば、ドル建てで元本が返ってきます。ただし、ドル建てであるため、円高・円安になった場合に投資額が増えたり減ったりしてしまうことがあります。

しかし、ドルの価値が変化することによる生活への影響（食費や電気代などの価格変動）を考えると、余裕資金の一部をドル建てにすることで生活費＋余裕資金全

体でのリスクは減らすことができると言えます。したがって、お金を守るためにはよい投資先です。金利を狙いつつ、円安やインフレリスクに備えることもできるため、投資の練習も兼ねて初心者の方にオススメしたい投資先の1つです。

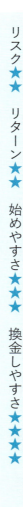

生命保険

リスク★★　リターン★★　始めやすさ★★★　換金しやすさ★★★★

生命保険の中には、お金が増える投資先として利用できるものがあります。万が一の保障機能がほとんどついておらず、死亡保険金はそれまでに投資した額に毛の生えた程度しかもらえないかわりに、金利が4～5％つくものです。他の投資先と違い税金面で優遇されていることもあり、初心者の方にも取り入れやすい投資先の1つになります。第4章で詳しく解説します。

紹介はリスクが低い順にしていますが、リスクとリターン、換金のしやすさなどを総合的に判断した「オススメ順」は図1－10のようになります。

日本は金利が低いので、どうしてもドルでの投資先を優先的にオススメする結果となりました。ドルで持つことに抵抗がある人もいるかもしれませんが、余裕資金の一部をドルで持つ、というのもアリではないかと思います。それぞれの投資先ごとのメリットやデメリット、投資の始め方などは第2章以降で解説していきます。

	投資先	利回り	推しの理由
第1位	ドル建て定期預金	4.5%前後	1ドル（160円前後）から始められ、ハードルが低い、円安対策になる
第2位	お金が増えるタイプの生命保険	4.5%前後	年間利益50万円まで税金が0円、長期でお金を増やしやすい
第3位	アップルやディズニーへお金を貸す	5%前後	あの世界的企業にお金を貸せる！　金利が高め
第4位	国や東京都にお金を貸す	1%前後	ほぼ倒産しない、友達にお金を貸すよりずっと安全、1万円から始められる
第5位	銀行のキャンペーン金利を使い倒す	～1%	元本保証、倒産してもペイオフで1,000万円まで保護あり

↑図1-10 投資が怖い人、初めての人にもオススメの投資先

第2章

金利1～2％で低リスク国や自治体にお金を貸そう

1 日本国債は1万円から買えて銀行預金よりも高い金利が狙える

第2章では、低リスクでかつ金利1～2％と、預金より金利が高くなる場合がある運用方法についてお話しします。

それは、「**国や自治体にお金を貸す**」ことです。つまり**国債**や**地方債**と呼ばれる金融商品です。

日本円で投資ができて元本が減ることもなく、金利1％以上が期待できる投資先は、国債や地方債以外にはありません。

国債は日本政府が私たちからお金を借りるために発行する債券

まず、国債について説明しましょう。

日本国債とは、日本を運営するための資金が税金だけでは足りないとき、日本政府が私たちからお金を借りるために発行する債券です。

お金を借りるのですから、当然利息がつきます。**私たちが債券（日本国債）を購入すると、日本政府は私たちに利息を支払います。また、元本保証ですので満期時には元本を返済してくれます。**

「個人向け国債」では金利（年率）は最低0・05%が保証されています。日本国債には10年満期のものもあり、金利が1%を超える場合もあります。

国債は、銀行や証券会社、農協などの窓口で買うことができます。また、金融機関によってはインターネットによる購入も可能です。財務省のホームページに「インターネットによる購入が可能な取扱金融機関」の一覧があります。

個人向け国債が投資初心者にオススメな理由

国債には、「個人向け国債」と「新窓販国債（利付国債）」と呼ばれる2種類の国債があります。ここではまず、個人向け国債についてお話しします。

個人向け国債は、その名の通り、個人が投資しやすいように作られた国債です。

財務省のホームページを見てみましょう。個人向け国債のオススメポイントが6つ書かれています。

①元本割れなし
②国が発行だから安心
③0・05％（年率）の最低金利保証
④1万円から購入可能
⑤年12回（毎月）発行
⑥中途換金も1万円からOK

個人向け国債が投資初心者にオススメな理由は、この6つのポイントにもあるように、**①元本保証がされていること**、**②日本政府にお金を貸しているため銀行より安全であること**が大きいです。

また、先の箇条書きの④にあるように、投資は1万円からスタートでき、金額を増やしたいときは1万円単位で自由に国債を購入する金額を決めることができること、銀行などで簡単に投資を始められる、という点も初心者向きです。

個人向け国債の場合、期間は3年（固定3）、5年（固定5）、10年（変動10）の3つから選ぶことができます。期間が3年、5年の場合は固定金利、期間10年の国債は、金利が半年ごとに変化する変動金利です。利息は半年ごとに受け取ることができます。

図2－1は2024年9月4日時点の財務省ホームページからの引用です。なお、金利は毎月、新規の国債が発行される都度、変動します。

個人向け国債を途中で換金するとどうなるか？

それぞれ満期はありますが、個人向け国債は途中で換金することができます。10年国債ともなると期間が長い

商品	変動10	固定5	固定3
満期	10年	5年	3年
金利タイプ	変動金利＊1	固定金利	固定金利
表面利率（年）＊2（税引き後）	0.61%（0.4860785%）	0.51%（0.4063935%）	0.38%（0.3028030%）

財務省HPより（2024年9月4日時点）
＊1　半年ごとに適用する利率が変わります。
＊2　個人向け国債の応募者利回りは、表面利率と同じです。

図2-1 個人向け国債

ので状況が変わることもあるかもしれません。

そこで、ここでは国債を途中で換金した場合どうなるのかを見てみましょう。比較対象として、定期預金を途中解約した場合も併せて図２－２にまとめました。

どちらも元本自体が減ることはありませんが、手数料が差し引かれます。個人向け国債の場合は、直近2回分の利息が引かれます。

	元本	利息	その他
個人向け国債	元本が100%返金される	直前2回分の利息をペナルティとして返金（元本からペナルティを引いて返金、すでに受け取った利息は返金しなくてよい）	購入から1年間は解約はできない
定期預金	元本が100%返金される	定期預金の金利と中途解約利率（定期預金の金利より低い金利）の差額を返金（元本からペナルティを引いて返金、すでに受け取った利息は返金しなくてよい）	いつでも解約できる

↑図2-2　国債と定期預金、途中解約するとどうなる？

2 個人向け国債より金利が高い新窓販国債（利付国債）

次に、新窓販国債を見ていきましょう。図2－3、図2－4は財務省のホームページにある比較表です。

まず、商品構成が違います。新窓販国債には2年満期の商品があります。また、10年満期の商品も固定金利です。

購入単位も違います。個人向け国債は1万円から1万円単位ですが、新窓販国債は最低5万円から5万円単位になります。

最も大きな違いは、中途換金についてでしょう。新窓販国債は市場でいつでも売却が可能です。ただし、その時々の市場価格となるため売却損や売却益が発生します。つまり、**元本割れのリスクがあるということです**。

	変動10	固定5	固定3
満期	10年	5年	3年
発行頻度	毎月		
購入単位／購入限度	最低1万円から1万円単位／上限なし		
販売価格	額面金額100円につき100円		
購入対象者	個人に限定		
金利タイプ	変動金利[＊1]	固定金利	
金利設定方法（基準金利）	基準金利×0.66（直近の10年債平均落札利回り）	基準金利－0.05%（5年債の想定利回り）	基準金利－0.03%（3年債の想定利回り）
金利の下限	0.05%		
中途換金	発行後1年経過すればいつでも国の買取による中途換金が可能です（元本割れのリスクなし）。 ※中途換金時に、直前2回分の各利子（税引前）相当額×0.79685が差し引かれます。 ※発行後1年間は、原則として中途換金ができません。		
償還金額	額面金額100円につき100円（中途換金時も同じ）		

＊1　半年ごとに適用する利率が変わります。
財務省ホームページより

図2-3 個人向け国債

	国債10	国債5	国債2
満期	10年	5年	2年
発行頻度	毎月		
購入単位／購入限度	最低5万円から5万円単位／一申込みあたりの上限は3億円		
販売価格	入札結果に応じて、発行ごとに財務省で決定		
購入対象者	制限なし（法人やマンションの管理組合なども購入可能）		
金利タイプ	固定金利		
金利設定方法（基準金利）	直近の入札により発行した国債と同じ		
金利の下限	なし		
中途換金	市場でいつでも売却が可能です。ただし、その時々の市場価格となるため、売却損、売却益が発生します（元本割れのリスクあり）。		
償還金額	額面金額100円につき100円		

財務省ホームページより

↑図2-4 新窓販国債

なぜ新窓販国債は中途換金すると元本割れリスクがあるの？

新窓販国債を途中で換金したい場合、日本政府は買い取ってくれません。個人向け国債の中途換金の場合は国が買い取ってくれます。ここが大きな違いです。

では、新窓販国債はどうやって中途換金するかというと、新窓販国債を購入したときの銀行や証券会社に依頼して、国債を買いたい人に売却することになります。

自分で買ってくれる人を探す必要はありません、売却は簡単にできます。ただし、このときの売却額が国債を購入したときの金額より下がることがあります。逆に購入したときの金額より上がることもあります。

国債の価格が変動する法則については後述しますが、国債購入後に市場金利が上がると国債の価格は下がり、逆に市場金利が下がると国債の価格は上がります。

金利がどうなるか、また金利の変化によりどれくらい国債の価値が変動するかの予測は素人にはできません。国債を買うなら満期まで持ち続けるつもりで買いましょう。途中でもし元本割れしている状態になったとしても、満期まで持てば元本保証されているのですから大丈夫。安心して持ち続けましょう。

3 国債の価格と金利の関係を知っておこう

国債が新たに発行されるときの価格は決まっていますが、いったん売られて流通市場で取引されるようになると、価格は市場のバランスで決まるため、常に変化します。

変化には、さきほどお話ししたように法則があります。債権の価格は金利の動きと密接な関係があり、**市場金利が上がると国債の価格は下がり、逆に市場金利が下がると国債の価格は上がります。**

それはなぜなのかを簡単に説明します。

たとえば、期間10年、固定金利1％の国債を買ったとしましょう。5年後、金利が変動し、そのとき販売される期間10年の国債の固定金利が2％になっていたとします。すると、世の中には図2－5のように2つの国債が存在することになります。

あなたがもしこれから国債を買うとしたら、どちらの国債を買いますか？　もちろん、今後5年で10万円の利息がもらえる②を買いますよね。①と比べて5万円も多く利息がもらえます。

このため、あなたが100万円で買った①の国債は、②の国債よりも価値が低くなります。①の100万円で購入した国債を売る場合、たとえば95万円でしか売ることができなくなったりします。

逆に、金利が下がった場合は債券の価格は上昇するため、途中で売却すると元本以上のお金を受け取ることができます。

2つの国債の5年間の利益を比べてみよう

一方、あなたの国債を95万円で買った人は、毎年1万円（元本100万円×1％）の利息を5年間受け取ることができます。そして、5年後には元本100万円も受け取ることができます。

	金利	投資額	残り期間	今後5年で貰える利息
①あなたの国債	金利1%	100万円	5年	5万円
②新しく販売中の国債	金利2%	100万円	10年	10万円

↑図2-5 2つの国債、どちらを選ぶ？

元本100万円の国債を95万円で購入しているため、5万円の利益が出ます。毎年1万円の利息と合わせると5年間で10万円のプラスです。

では、①の国債と、②の国債の5年間の利益を比べてみましょう（図2－6）。

①の金利1％の国債を95万円で買えば、さきほど述べたように5年間で10万円の利益が出ます。95万円に対して10万円の利益です。

対して②の金利2％の国債を購入した場合、100万円に対して5年間で10万円の利益が得られます。同じ10万円の利益なら、投資額が少ない①95万円で買える国債のほうがおトクですよね。

このように、金利が将来上がった場合、そのときに発行される新規の国債よりもメリットがなければ、過去の金利が低い国債は売れません。そのため、国債の価格は元本金額より

投資額	金利	5年間で得る利益	投資利回り（利益÷投資額）
①95万円で買った国債	1%	利息5万円＋元本との差額5万円＝10万円	10.5%
②100万円で買った国債	2%	利息10万円	10.0%

↑図2-6 2つの国債、5年間の利益は？

も安くなってしまいます。このようなメカニズムで、国債を途中で売却するときは元本割れすることがあります。

ただし、この例だと、売却前の5年間に金利1%の利息をすでに受け取っています。売却することで元本は5万円減ってしまいますが、売却した資金でよりおトクな金利2%の国債に乗り換えれば、次の5年で9万5000円（95万円×2%×5年）の利息を受け取れます。すると10年間ではトータル9万5000円のプラスになります。元本は減っても利息で取り返すことができます。

4 国債の買い方のコツは「一定金額で」「定期的に」

日本国債の金利は毎日変動しています。図2－7は財務省のホームページにある国債の金利の毎日のデータから作成したものです。

この図から、国債の金利は令和5年6月が最低で、その後は上がってきていることがわかります。

投資を始めるなら、より高い金利の国債のほうが嬉しいですよね。金利が低いときに国債を買ってしまったら、損した気分になります。

しかし、金利の動向を素人が予測するのはとても難しいことです。

そこで、**国債の買い方のコツとして、一定額で毎月少しずつ国債を買う方法をオススメします。**

買う時期を分散してリスクを減らす

たとえば100万円で個人向け国債（3年もの）を買う場合。令和6年1月に国債を100万円分買った場合と、毎月20万円ずつ国債を購入した場合を比べてみましょう。

- 1回で100万円分を購入した場合……金利0・089％
- 毎月20万円ずつ購入した場合……平均金利0・2388％（1月〜5月の金利の平均値）

1回で購入した場合よりも、毎月20万円ずつ購入したほうが、持っている国債の平均金利が高くなっています。金利は上がったり下がったりするため、毎月決まった額で少しずつ国債を買うようにすれば、低い金利の国債を購入して損する可能性が減ります。

価格（国債の場合は金利ですが）が変動するものを購入するときは、このように

「常に一定金額で」「定期的に」買うことを心がけてください。**これはドルコスト平均法と呼ばれる、リスクを減らす分散投資の方法です。**価格が高いときは買える量が少なくなり、価格が安いときは多くの量が買えるため、平均化されるのです。

基準日	3年	5年	10年
R5.1.31	0.021	0.198	0.511
R5.2.28	0.007	0.229	0.524
R5.3.31	−0.052	0.104	0.389
R5.4.28	−0.04	0.109	0.403
R5.5.31	−0.049	0.097	0.448
R5.6.30	−0.068	0.08	0.426
R5.7.31	0.016	0.19	0.605
R5.8.31	0.068	0.238	0.657
R5.9.29	0.108	0.341	0.774
R5.10.31	0.22	0.475	0.952
R5.11.30	0.081	0.271	0.691
R5.12.29	0.056	0.233	0.647
R6.1.31	0.089	0.312	0.737
R6.2.29	0.193	0.372	0.724
R6.3.29	0.202	0.372	0.75
R6.4.30	0.31	0.478	0.879
R6.5.31	0.45	0.647	1.08

↑図2-7 国債金利の推移

5 日本国債の買い方と利息の受け取り方

日本国債の購入方法は主に2つです。銀行や証券会社の窓口で購入するか、インターネットを利用して銀行や証券会社のホームページから購入する方法です。

窓口で購入する場合は、担当者に国債を買いたいと伝えると手続きを進めてくれます。必要書類は、事前に銀行や証券会社に電話などで確認しましょう。

次に、証券会社のホームページから購入する方法です。まずは、証券会社のホームページで新規に口座開設を申し込みます。「○○証券　口座開設」と検索すれば、新規口座開設の申込ページが出てきます。免許証など必要書類もスマホで写真を撮影して提出できるようになっており、自宅で手続きを終わらせることができます。

そして、最短で翌営業日には日本国債を買うことができます。いちいち店舗に行かなくてもいいため、日本国債を買うならネット証券が楽でいいと個人的には思っています。注文も24時間可能です。購入できるタイミングであれば、だいたい翌日か翌々日には自分の口座管理画面で国債が購入できたことを確認できるようになります。買い方がわからないときは、電話やチャットで相談しながら購入方法を教えてもらうことも可能です。

国債を購入できるタイミング

銀行や証券会社へ問い合わせても、国債が購入できないときもあります。ここでは国債が買えるタイミングをお伝えしておきます。

個人向け国債と新窓販国債、中古の国債（既発債）でタイミングが違います。まず、個人向け国債と新窓販国債は、毎月、購入可能な新しい国債が募集されています。金利も毎月、少しずつ変わります。募集期間に申し込みをしておくと、発行日以降にあなたの銀行や証券会社の口座に国債を買った情報が反映されます。

国債の購入代金は、募集期間最終日の翌日に銀行などの口座から自動引き落としで支払われます。忘れずに口座に入金しておきましょう。

中古の国債（既発債）は、流通市場で取引されているものの中から、在庫があればいつでも購入できます。

利息はどうやって受け取る？

利息は半年に1回、年に2回受け取ることができます。国債は毎月発行されているため、購入したタイミングによって利息が入金されるタイミングが変わります。

たとえば2024年7月に申し込みをして購入した個人向け国債（申し込みは7月、購入完了は8月）であれば、毎年2月15日と8月15日に利息が入金されます。2024年8月に申し込みをして購入した場合は、毎年3月14日と8月15日になります。利息の受け取りタイミングは国債の購入時に確認しておきましょう。

また、銀行で国債を購入した場合は銀行口座に、証券会社で国債を購入した場合は証券会社のあなたの口座に利息が入金されます。利息を使いたいときは、証券会社の口座から自分の銀行口座へ資金移動させれば自由に使うことができます。

日本国債の利息の税金はどうなる？

日本国債の利息に対する税金は銀行預金の利息と同じで、20・315％です（所得税・復興所得税・住民税の合計）。銀行預金の利息と同様、指定した銀行口座や証券口座へ税金が引かれた後の金額が入金されるため、**日本国債の利息を受け取っても確定申告の必要はありません**。

このように、税金面で銀行預金と国債の差はありません。ただし、日本国債のうち新窓販国債（利付国債）を満期前に途中で売却し、元本以上の金額で国債が売れた場合は国債の売却利益が生じます。この売却利益の税金に関しては、215ページの償還差益の税金の解説を参考にしてください。

6 中古の国債（既発債）なら金利1％以上のものも見つかる

ここまで、個人向け国債と新窓販国債（利付国債）の2つの違いを紹介してきました。それぞれの金利は現在、0・4〜1・0％程度（満期までの期間による）です。ここでは、さらに高い金利で国債を購入する、やや高度な方法を紹介します。

車を購入するときは、新車か中古か選ぶことができます。国債も同じで、新品の国債（新発債）を買うか、中古の国債（そんな表現はないですが、イメージが湧きやすいようにここではそう表現します。本来は「既発債」といいます）を買うか、選ぶことができます。

中古の国債まで探してみると金利が1％を超えるものが見つかります。筆者が中古の国債を買うときは、オンラインの証券会社を利用しています。証券会社のホームページにログインして、既発債の取引ができるページを探します。すると、今買うことができる中古の国債の一覧が出てくるので、その中から自分が買いたい候補を探します。

たとえば、図2-8のような条件の中古の国債が見つかりました。

利回りを見ると、1・296%や2・3%と1%を超えています。金利が1%を超えていて、満期まで持てば元本が保証されている中古の国債を見つけることができました。

◆第164回利付国債（20年）

利率	年0.50%（税引前）
お申し込み単位（額面）	5万円以上、5万円単位
単価	90.7%
利払日	毎年3/20および9/20
償還日	2038/3/20
利回り（税引前）	1.296%
残存期間	約13.8年
発行体	日本

◆第66回利付国債（30年）

利率	年0.40%（税引前）
お申し込み単位（額面）	5万円以上、5万円単位
単価	69.28%
利払日	毎年3/20および9/20
償還日	2050/3/20
利回り（税引前）	2.3%
残存期間	約25.7年
発行体	日本

↑図2-8 既発債の例

金利1％以上の国債を購入できる仕組み

図2－9は、購入前の最後の確認画面に記載されている内容です。記載内容について説明しましょう。

まず、「利率」と「利回り」です。利率が年0・5％、利回りが年1・296％と記載されています。

利率は、年2回受け取ることができる利息の利率です。国債を5万円分購入すれば、5万円×0・5％＝250円を利息として年間にもらうことができます。

利回りは、中古の国債の場合は満期になって償還されるまで保有することを想定した場合の利回り（最終利回り）です。

単価90・7％とは、新品だったら5万円の国

商品名	第164回利付国債（20年）
付数量（額面）	50,000円
支払経過利子	58円
概算受渡代金	45,408円
単価	90.7%
利回り（税引前）	1.296%
利率	年0.50%（税引き前）
債券約定予定日	2024/6/11
債券受渡予定日	2024/6/13
預り区分	一般預り

↑図2-9 買付注文確認

債が、5万円×90・7％＝4万5350円で購入できるという意味です。今回は中古の国債になるため、新品の国債よりも安く買うことができます。

4万5350円で購入したこの中古の国債は、13・8年後の満期が来ると5万円になって返ってきます。4万5350円で購入した国債なので、4650円得します。すると、13・8年間で受け取ることができるお金は、毎年250円の利息×13・8年分＋4650円＝8100円です。13・8年で8100円お金が増えますので、1年あたりにすると約587円です。この国債を満期まで持った場合、1年あたり587円のお金が増えるということです。

そこで利回りを計算すると、587円÷4万5350円＝1・29％です。

中古で安く購入できた金額に対して1％超えの利息をもらえることになります。利回りはこのようにして計算されています。**中古の国債を買うときは、利息ではなく、この利回りをチェックするようにしましょう。**

中古の国債を購入するときの注意点① 満期まで持つべし

今回、新規発行だと5万円の国債を、約10％オフで中古で購入する事例を紹介しました。

中古の国債を買ったり売ったりするときの値段は、日々変化しています。このため、中古で買った場合、満期まで持たずに途中で売却してしまうと、買った金額より安い金額で売却することになる可能性（元本割れ）もあります。私たちには日々の価格を予想するのは困難なため、**中古の国債は満期まで持つ覚悟で購入することをオススメします**。

中古の国債を買うときの注意点② 利息の調整

図2－9をもう一度見てみてください。今回の中古国債を購入するときの価格が4万5408円になっています。単価90・7％（約10％オフ！）で購入可能と書かれているので、本来は5万円×90・7％＝4万5350円で買えるはずですが、58

円高くなってしまっています。

これは、利息の調整が行われているからです。国債の利息は半年ごとに払われるのですが、この国債の場合、残り期間が13・8年ということは、前回の利息の支払い日から0・2年が経過しています。そのため、この中古の国債を売ってくれる人に0・2年分の利息を払ってあげましょう（自分は0・4年待てば0・6年分の利息がもらえる状態だから）というのが差額の58円です。特に自分が損をする話ではないので、中古の国債はこのような利息の調整がある、と覚えておけばOKです。

7 銀行の定期預金と日本国債、どっちがトクか比べてみよう

ここでは、銀行預金（定期預金）と日本国債ではどちらが投資先としてオススメかを比べてみましょう。

定期預金も国債も、金利は期間が長くなるほど高くなります。預ける年数によって金利が変わるため、３年満期（図２－10）、５年満期（図２－11）、10年満期（図２－12）に分けて、定期預金と国債を比べてみます。

期間３年で比べる

個人向け国債も定期預金も、リスクはほぼ同じです。であれば、**一番金利が高いものを選べばＯＫです**。３年の期間であれば、東京スター銀行の定期預金が投資先として最もオススメということになります。

期間5年で比べる

次は期間5年で日本国債と定期預金の金利を比較してみましょう。

余裕資金が100万円以上あるなら、SBJ銀行の定期預金が一番金利が高くなっています。余裕資金が100万円以内であれば、個人向け国債が金利が一番高くなります。

銀行の定期預金は、銀行によって1円からスタートできたり、30万円からであったり、条件がバラバラです。「銀行　定期預金　金利　ランキング」とネットで検索すれば、最新情報や条件を調べることができます。このようにして自分に合った投資先を探していきましょう。

	3年	元本保証	途中解約
個人向け国債	0.40%	○	○
三菱UFJ銀行	0.15%	○	○
三井住友銀行	0.15%	○	○
りそな銀行	0.15%	○	○
東京スター銀行	0.45%	○	○
あおぞら銀行	0.30%	○	○
SIB新生銀行	0.20%	○	○

⬆図2-10 満期まで期間3年の日本国債と定期預金の金利比較

期間10年で比べる

次は、満期までの期間10年の日本国債と定期預金の金利を比べてみます。

期間10年の定期預金を扱っている銀行は少なく、選べる銀行が減っています。また、個人向け国債や新窓販国債と比べると、大手銀行の定期預金金利は低いです。

期間10年であれば、個人向け国債か新窓販国債が投資候補になってきそうですが、新窓販国債は中途換金する場合には元本割れリスクがあります。元本割れは怖いけど金利1％は捨てがたい、と言うのであれば、満期までの10年間、国債を持ち続ける覚悟（満期保有なら元本保証付き）を固めるか、資金を個人向け国債と新窓販国債に割り振って投資すると

	5年	元本保証	途中解約	その他
個人向け国債	0.59%	○	○	1万円〜
三菱UFJ銀行	0.20%	○	○	1円〜
三井住友銀行	0.20%	○	○	1,000円〜
りそな銀行	0.20%	○	○	1円〜
SBJ銀行	0.70%	○	○	100万円〜
あおぞら銀行	0.45%	○	○	50万円〜
SIB新生銀行	0.50%	○	○	30万円〜

↑図2-11 満期まで期間5年の日本国債と定期預金の金利比較

よいでしょう。

たとえば余裕資金が１００万円なら、70万円は個人向け国債、30万円は新窓販国債と割り振るのです。このように投資先を分けることで、急にまとまったお金が必要になった場合にも、元本割れリスクがない個人向け国債を換金して資金を用意することができます。

また、新窓販国債を中途換金して元本割れした場合でも、個人向け国債の利息で元本割れ部分を補って投資額全体では１００万円を割ることがないようにできるかもしれません。

投資資金をどこにどうやって分けるかを工夫することで、利益を追求しながらリスクをコントロールすることができます。

	10年	元本保証	途中解約	その他
個人向け国債	0.69%	○	○	1万円～
新窓販国債	1.00%	○	元本割れリスク	5万円～
三菱UFJ銀行	0.30%	○	○	1,000円～
三井住友銀行	0.30%	○	○	1円～
SBJ銀行	なし			
あおぞら銀行	なし			
SIB新生銀行	なし			

↑図2-12 満期まで期間10年の日本国債と定期預金の金利比較

期間10年超で比べる

満期までの期間が10年を超える場合はどうでしょう。

銀行の定期預金は、10年を超える期間のものは見つかりませんでした。一方、国債は中古（既発債）であれば、期間10年以上の国債でも買うことができるものがあります。

図2－13の中古国債の金利情報は、筆者が普段利用しているSBI証券でチェックしました（2024年6月）。金利は償還期間が長くなるほど高くなる傾向にあります。

	利回り	期間
中古の国債	0.93%	9.7年
中古の国債	1.11%	11.7年
中古の国債	1.32%	13.7年
中古の国債	1.54%	15.7年
中古の国債	1.66%	17.7年
中古の国債	1.69%	19.7年
中古の国債	1.94%	21.7年
中古の国債	2.05%	23.7年
中古の国債	2.30%	25.7年
中古の国債	2.20%	27.7年
中古の国債	2.03%	29.7年

↑図2-13 満期まで期間10年超の日本国債の金利

8 投資するときは何にいくら投資をするか、資金配分が大切！

3年、5年、10年、10年超と期間ごとにオススメの投資先をチェックしてきました。今回は各年数で一番オススメの投資先と、資金配分について考えてみましょう。

余裕資金が100万円あった場合、1つの商品に全額投資する必要はまったくありません。人によりいろいろな投資の仕方があると思います。たとえば、こんな風に投資する4人の人がいるかもしれません。図2－14を見てください。

Aさんは3年後に100万円を利用したいため、3年間で一番お金が増えるよう3年ものの定期預金へ全額投資しました。金利は0・45％です。

Bさんは急に必要になるかもしれない10万円だけ普通預金にして、残りは3年、5年、10年満期の投資先へ均等に投資しました。結果、金利は平均して0・67％になりました。

Cさんは利益を追求したいので、金利が一番高い国債に全額投資したいけれども、万一途中解約で元本割れすることになったら嫌だ！　と、半額ずつ5年と10年の投資先へ資金を分けました。すると、投資額100万円に対して0・85％の平均金利となりました。

Dさんは、1年で数千円の違いしか出ないなら考えるのも億劫だし普通預金のままでいいや、と思い、0・2％の利息を受け取りました。

どのように投資するかは、このように自由に考えてOKです。自分が一番ストレスがない資金配分で、なるべくお金が増える投資先を追求していきましょう！

	投資先	金利	Aさん	Bさん	Cさん	Dさん
3年	A銀行・定期預金	0.45%	100万円	30万円	0円	0円
5年	B銀行・定期預金	0.70%	0円	30万円	50万円	0円
10年	新窓販国債	1.00%	0円	30万円	50万円	0円
−	普通預金	0.20%	0円	10万円	0円	100万円
平均金利			0.45%	0.67%	0.85%	0.20%

図2-14 資金配分の例

4つのチェックで自分に合った投資先を見つけよう！

自分に合った投資先を見つけるためのチェックポイントは、「金利（リターン）」と「期間」と「最低投資額」と「リスク」の4点です。

今回例として取り上げた3つの投資先は、リスクを気にする必要がほとんどありませんが、どんなものに投資するときでも、判断規準はほぼこの4点です。今回の投資先を選ぶ考え方を覚えておけば、他の投資先を検討するときも同じです。ただ、ちょっとリターンやリスクの評価が難しくなったりするだけです。ぜひ、この投資先を選ぶ判断規準を覚えておいてください。

9 国債を買ってはいけない場合

投資をするときに一番考えるべきことは、「**いかに低いリスクで高い金利が得られる投資先に投資をするか**」です。この投資の考え方を身につけるために、日本国債を買ってはダメな場合を考えてみましょう。

①定期預金など他によりよい投資先があるとき

定期預金も国債も元本保証で、リスクはほとんど変わりません。だったら金利が高いほうがいいですよね。似たような条件で定期預金のほうが金利が高ければ、当たり前ですが、国債を買うより定期預金にお金を預けましょう。

第2章7節で銀行預金と国債の金利を比較しましたが、もう一度見てみましょう。図2－15のような場合、国債を買うよりも東京スター銀行にお金を預けたほうがおトクです。国債を買ってはダメなケースになります。

②クレジットカードで分割払い・リボ払いをしている場合

クレジットカードの支払いに分割払いやリボ払いを利用している人は、分割払い・リボ払いで払う利息と国債でもらえる利息を比較してみてください。クレジットカードにもよりますが、分割払いやリボ払いを利用すると10%以上の利息相当額を払うことになります。国債の金利は0・4~1%ですから、クレジットカードの利息（手数料）のほうがはるかに高いことがわかると思います。国債を買うお金があるなら、それをクレジットカードの返済にあてたほうが、トータルではお金の節約、トクになります。

	3年	元本保証	途中解約
個人向け国債	0.40%	○	○
三菱UFJ銀行	0.15%	○	○
三井住友銀行	0.15%	○	○
りそな銀行	0.15%	○	○
東京スター銀行	0.45%	○	○
あおぞら銀行	0.30%	○	○
SIB新生銀行	0.20%	○	○

↑図2-15 満期まで期間3年の日本国債と定期預金の金利比較

住宅ローンの繰り上げ返済をしている場合

国債を買ってみようかなぁ、と思っている人の中には住宅ローンがあり、頑張って毎月、繰り上げ返済をしている人もいるかもしれません。

住宅ローンの金利は、利用している銀行や個人の収入などによってバラバラですが、国債より高い金利で住宅ローンを借りている場合は、住宅ローンの繰り上げ返済を頑張るほうが金利面でおトクです。

逆に国債のほうが金利が高い場合は、住宅ローンの繰り上げ返済はせず、国債を買いましょう。住宅ローンには、生命保険機能も付いている（死亡すると借金が0円になる団体信用生命保険）ことがあるため、住宅ローンの金額を減らさず、余裕資金を国債で運用したほうがお金を増やすことができます。

たとえば、10年ものの国債の金利は約1％です。住宅ローンの金利は最長35年で0％台で借りている人も多いと思います。であれば、余裕資金が100万円できた場合、住宅ローンを繰り上げ返済するよりも、国債を買ったほうがおトクです。

変動金利1・0%の住宅ローンを100万円返済→1年で1万円支払いを減らせる
変動金利0・5%の国債を100万円買う→1年で5千円の利息が増える
●住宅ローンを返済する方がおトク！　国債を買ってはダメ！

車や教育ローン、フリーローンでお金を借りている場合

この他、銀行などからお金を借りている場合、だいたい国債の金利より高い金利でお金を借りているはずです。たとえば銀行系のマイカーローンは金利1～4%くらい、教育ローンだと1・5～3・5%くらい、フリーローンだと1～14%くらいと、国債の金利0・4～1%よりも高く設定されています。国債を買うより、借入金を返済したほうが手元に残るお金が増えますので、このような場合も国債は買わないほうがよいです。

このように、金利を基準にして、自分にとって最も残るお金が増えるお金の使い方は？　と考える癖が身につくと、投資にも慣れることができます。

また、金利を基準に考えることができると、様々な広告などから入ってくる情報についても、よい情報なのか悪い情報なのかを冷静に判断できるようになります。

たとえば、クレジットカード会社はあなたから1円でも多くリボ払いの手数料をもらいたいと思っています。このため、リボ払いを利用するメリットばかり強調したDMやメールを送ってきます。

「10万円の買い物でも月々の支払いは3000円からでOK！　欲しかったアイテムが月々たった3000円の支払いで手に入ります！」

といった具合にリボ払いのメリットを強調してきます。しかし、リボ払いにはたとえば年利15％の利息が発生したりします。本書で今後紹介する投資の中で、金利が高い投資先でも5％程度です。このリボ払いの金利がいかに高いものであるか、もうおわかりでしょう。

常に金利を意識できるようになると、このように賢くお金とつき合えるようになります。

10 これから期待できる？日本国債や銀行の金利が上がり始めた！

最近、国債の金利が上昇しているという話を少し紹介しました。そこで、ここでは今後金利はどうなる見込みかについてお話しします。

まず、国債の金利はどうやって決まるのかについて紹介します。図2－16を見てください。

2015年以降は金利が0％付近でずっと推移していますが、1990年頃には金利が8％を超えているときもありました。定期預金で金利8％！などという投資先があった時代です。

金利はこのグラフのように上がったり下がったりします。金利が変動する要因はいろいろありますが、特に2015年以降に金利が低くなった要因は、日本銀行がゼロ金利政策・マイナス金利政策という、お金をコントロールする方針を出していたからです。文字通り、金利を0％（もしくはマイナス）に近い水準に保ちますよという国の政策です。

この影響もあり、国債の金利もずっと0%台になっていました。しかし、2024年3月にこのゼロ金利政策をやめると日本銀行が宣言しました。結果、最近は国債の金利が上がってきています。グラフの2024年3月以降、金利が上昇し始めているのが見てわかると思います。

この影響で、住宅ローンの金利も上がり始めるというニュースもあります。いきなり金利5%になったりすることはありませんが、これから5年、10年と長いスパンでは徐々に金利が上がっていくのではないでしょうか。

金利が上がれば、定期預金や国債といっ

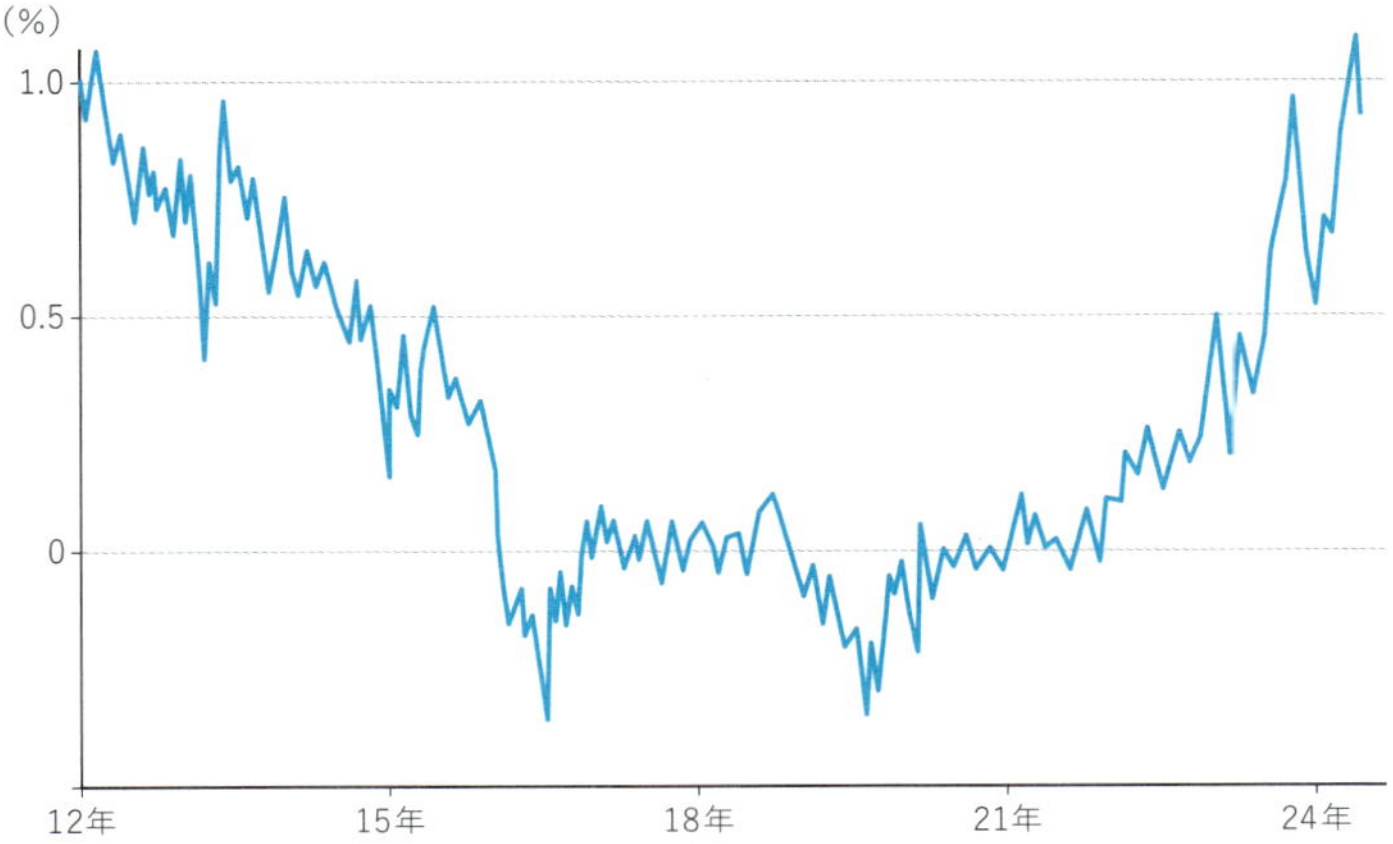

図2-16 長期金利(10年国債利回り)の推移

た基本的な投資先の金利も上昇します。今から投資に慣れておくと、金利が上昇し始めたときに、お金を減らさず安全に増やすチャンスを上手くとらえることができます。長い目で見て、金利が上昇し始めていることを頭の片隅に入れておきましょう。

11 国債よりも金利が高い地方債をチェック

日本政府だけでなく、東京都や神奈川県など地方公共団体にもお金を貸すことができます。これは「**地方債**」と呼ばれます。

地方債は日本国債よりも若干金利が高いです。

なぜ、日本国債よりも地方債の金利が高いのか？　それは都道府県や市にお金を貸すのは、日本政府にお金を貸すよりもリスクが高いと考えられているからです。2024年6月に販売された都道府県債や市債の金利を国債と比べてみましょう（図2－17）。

地方債の買い方

国債はほとんどすべての銀行や証券会社で買うことができますが、地方債は購入できる窓口が限られています。たとえば北海道債の場合、北海道のホームページから取り扱っている金融機関の情報を確認してみると、銀行は北洋銀行、北海道銀行、みずほ銀行、三菱UFJ銀行のみです。また、証券会社は野村証券、SMBC日興証券、大和証券など大手のみでネット証券では販売していません。国債と比べて購入できる窓口が少なくなっています。

また、買えるタイミングも国債に比べると限定されます。国債は毎月販

		期間	金利（%）	国債と比べて
国	国債	10年	1.004	－
都道府県	東京都債（第852回）	10年	1.064	0.06%
	神奈川県債（第262回）	10年	1.08	0.08%
	静岡県債（令和6年度第5回）	10年	1.08	0.08%
	北海道債（令和6年度第3回）	10年	1.083	0.03%
市	名古屋市債（第528回）	10年	1.081	0.08%

		期間	金利（%）	国債と比べて
国	国債	5年	0.59	－
都道府県	埼玉県債（第4回）	5年	0.638	0.048%
	神奈川県債（第96回）	5年	0.638	0.048%
市	京都府債（令和6年度第3回）	5年	0.658	0.068%
	札幌市債（令和6年第2回）	5年	0.658	0.068%
	仙台市債（令和6年第2回）	5年	0.619	0.029%
	広島市債（令和6年第1回）	5年	0.594	0.004%
	福岡市債（令和6年第2回）	5年	0.594	0.004%

↑図2-17 国債と地方債の比較

売されていますが、地方債は毎月は販売されていません。年に1回や、数年に1回しか販売していない都道府県や市もあります。これも、各地方公共団体がいつ債券を販売しているか、自分で調べる必要があります。面倒臭いですが、少しでも高い金利を狙うなら、見つけたら投資しておきたい先になります。

先日、筆者がいつも利用しているSBI証券で販売中の債券を探していたところ、金利1・08％の神奈川県債を見つけました。3日後にまたSBI証券で販売中の債券を検索したところ、すでに完売となっていました。地方債に投資してもいいな、と思った方は、販売中の地方債を見つけたらすぐ申し込みをしておきましょう。なお、地方債は発行する自治体によって最低購入金額がまちまちです。

地方債の購入には、さらにハードルがあります。せっかく見つけても、個人では買えない場合があるからです。普段から銀行や証券会社とのつきあいがない人には、買える地方債を見つけることは難しいかもしれません。

ただ、ときどき銀行で順番を待っているときに地方債のパンフレットを見かけたりすることもあるため、こんな投資先もあるんだ！　と頭の片隅に置いておいてもらえればと思います。

Column

国債よりも金利が高い特殊な定期預金に注意

最近見かけることが多くなった定期預金の新しい商品の1つに、「円仕組定期預金」があります。預け入れ時に、預金の期間が最短期間と最長期間しか決まっておらず、その期間内であれば後から銀行が自由に満期日を決められるという、ちょっと変わった定期預金です。

金利は1%前後と高いのですが、注意点もあります。

まずは、円仕組定期預金を扱っている銀行を比較してみましょう。販売しているのは主にネット銀行系が中心です。

普通の定期預金の金利は、高い銀行でも0・45%（図1－9参照）だったことと比べると、2倍以上の金利がついています。金利だけ見たら円仕組定期預金がおトクそうです。

円仕組定期預金の特徴

さきほども述べたように、円仕組定期預金は預け入れる側が預入期間を選べないかわりに、通常の円定期預金より高い金利で提供される定期預金です。

円仕組定期預金では、毎年、銀行側が定期預金を継続するか、定期預金期間を終了して預金者にお金を払い戻すかを決めることができます。銀行次第で1年で満期となることもあれば、10年満期となることもあります。

だいたいどの銀行も条件は同じですが、原則として中途解約はできないため、最短1年から最長で10年間、定期預金としてお金を預けておく必要があります。定期預金ですので、満期まで持てばもちろん元本保証です。

	円仕組定期預全（フラット型）	いくらから投資できるか
住信SBIネット銀行	1.20%	10万円〜
ソニー銀行	1.10%	10万円〜
auじぶん銀行	0.95%	10万円〜
東京スター銀行	1.10%	100万円〜
SBI新生銀行	0.85%	30万円〜

⬆図2-18 円仕組定期預金の金利

預け入れ期間が自分では選べないこと、中途解約は原則できないことに注意しなければいけません。

途中で解約すると元本割れの可能性がある！

中途解約は原則としてできないことになっていますが、絶対に認められないわけではありません。ただその場合、利息が受け取れなかったり必要費用をとられるため、元本割れする可能性があります。これは普通の定期預金との大きな違いになります。

ですので、円仕組定期預金を始めるときは、「満期まで持つ」ことを覚悟して始めてください。満期まで持てば、元本は保証されます。また、満期前に仮に銀行が倒産した場合にはペイオフで保護される対象となっています。

円仕組定期預金のしくみ

なぜ、このような銀行側が満期のタイミングを決められる定期預金が誕生したのでしょう。

金利が1・2％もらえたら……今ならかなり魅力的に見えます。しかし、1・2％の固定金利で10年満期の定期預金を始めた5年後に、もし定期預金の金利が5％になっていたら、金利1・2％で10年間固定される定期預金の魅力はなくなってしまいます。あなたはきっと金利1・2％の定期預金を解約して、5％の預金に乗り換えようとするでしょう。

一方、お金を預かっている側の銀行は、この金利1・2％の定期預金をずっと続けたいと思うでしょう。なぜならそのタイミングで定期預金を募集する場合は、金利5％で募集しなければならないからです。

円仕組定期預金ならあなたからは解約できず、銀行は金利1・2％のままお金を借り続けることができます。これは銀行にとってとてもおトクです。

逆に、5年後の定期預金の金利が0・5％に下がっていたら、銀行はあなたの金利1・2％の定期預金は終了させて、新規に定期預金を募集したほうが安い金利でお金を集めることができます。

このように銀行に選択権があることで銀行にとってメリットがあるため、通常の定期預金より金利が高くなっています。

円仕組定期預金を始めるときは？

ここまで、円仕組定期預金の概要をお伝えしてきました。紹介した事例は、円仕組定期預金のうち、10年間金利が固定されるフラット型と呼ばれるタイプの預金です。このフラット型と別にもう1つ、ステップアップ型という円仕組定期預金もあります。これは10年間、最初は低い金利で始まり、10年目まで毎年金利が上昇していくという定期預金です。中には、10年目には年9％の金利を付けるという円仕組定期預金もありました。いずれも、円仕組定期預金は満期まで持たない場合に元本割れするリスクもあるため、始めるときは銀行の説明をよく聞いて、仕組みをしっかりと理解して始めましょう。

国債と比べると、どっちがオススメ？

現在、円仕組定期預金は新窓販国債の10年ものとほぼ同じ金利です。他にも共通点としては、どちらも中途解約すると元本割れの可能性があり、どちらも満期まで保有すれば元本が保証されています。金利もリスクもほぼ同じと言えます。

唯一違う点は、円仕組定期預金は銀行が定期預金を終了すると決めた場合、10年経っていなくても元本が返ってきます。

満期まで持つ前提であれば、国債を購入しておけばよいのではないかと思います。なぜなら必ず10年間、決められた約1％程度の金利を受け取ることができるからです。

第3章

金利4～5%で低リスク
ドル定期預金&
アメリカ国債

1 金利4％超のドル定期預金で円安からお金を守る！

本書では、大切なお金を守りながら増やせるよう、低リスク順に投資先を紹介しています。第3章では、ドル定期預金を中心にお話しします。

ドル定期預金は日本の銀行で始めることができ、金利4〜5％が狙えます。さらにドルを持つだけで円安リスクも回避できます。ドルで定期預金をすることで、日本円で普通預金に預けているより何倍も高い金利の恩恵を受け、かつ円安からお金を守ることができるようになるのです。

ドル定期預金は円安のリスクヘッジになる

なぜドル定期預金に投資することで、円安でお金が減ってしまうリスクを減らすことができるのか、具体的に説明します。

- 普通預金の金利は0％とする
- ドル定期預金は年740ドル（111,000円）、金利は年5％とする

◆現在も2年後も1ドル＝150円の場合

円だけで持っている場合

	普通預金（円）
現在	1,000,000
1年後	1,000,000
2年後	1,000,000
残るお金	1,000,000－120,000 ＝880,000

ドル定期預金をする場合

	普通預金（円）	ドル定期（ドル）
現在	889,000	740
1年後	889,000	770　①
2年後	889,000	800　②
残るお金	889,000	800－800 ＝0　④

③800ドル（120,000円）のiPhoneを購入

増えたドル預金でiPhoneが買え、円の普通預金は丸々残った

ドル定期預金をしていなかった場合より
9,000円お金が多く残る！

◆2年後は1ドル＝160円の円安になった場合

800ドルのiPhone→128,000円
円だけで持っている場合の預金残高：1,000,000円－128,000円＝872,000円
ドル定期預金をした場合の預金残高：889,000円
ドル定期を持っていたほうが残高が17,000円多くなる！

◆2年後は1ドル＝130円の円高になった場合

800ドルのiPhone→104,000円
円だけで持っている場合の預金残高：1,000,000円－104,000円＝896,000円
ドル定期預金をした場合の預金残高：889,000円
円だけで持っていたほうが残高が7,000円多くなる！

⬆図3-1 100万円を円のまま持った場合と一部をドルで持った場合

余裕資金（今すぐ使う予定がなく、いつ使うかも決まっていないお金、投資してもいいお金）が100万円あるとします。円のままお金を持ち続けた場合と、一部のお金をドル定期預金へ投資した場合で、2年後のお金の残り方を比べてみます（図3－1）。なお、2年後には新しいiPhone（800ドル）を買う予定です。

まずは、今も2年後も1ドル＝150円だとして考えます。

今、740ドルのドル定期預金を始めます。ドルを円に交換するため、普通預金は88万9000円（740ドル×150円）に減ります。

①1年後、1年分の利息5％を受け取り、税金20％が引かれ30ドルお金が増えます。

②2年後、1年分の利息5％を受け取り、税金20％が引かれ30ドルお金が増えます。

③800ドルのiPhoneを購入します。日本円にすると12万8000円（800ドル×160円）なので、預金の残高が87万2000円に減ります。

一方、ドル定期預金をしていた場合、ちょうどドル預金が800ドル（②）に増えているため、ドルを利用してiPhoneを購入できます。結果、預金の残高は

88万9000円（④）となり、ドル定期預金をしていなかった場合より9000円お金が多く残ります。これは2年分の利息5％を受け取ったことによる差です。

2年後に1ドル＝160円と円安になった場合

次に、2年後は1ドル＝160円と円安になった場合で考えてみましょう。

①～②は先ほどとまったく同じです。そして③でiPhoneを購入した結果、ドル定期預金をしていたほうは残るお金が1万7000円も多くなります。

これは、利息で9000円の差がついたことに加え、10円円安（1ドル＝150円→160円へ）になったことでiPhoneの日本円価格が8000円（800ドル×10円）値上がりした影響です。

このように、今回の例ではドル定期預金をしていたことで、円安になったときにお金を守ることができています。何もしなかった場合よりも、円安でお金を減らさず守ることに成功しました。

2年後に1ドル＝140円と円高になった場合

逆に円高になった場合も見てみましょう。1ドル＝140円になった場合と、1ドル＝130円になった場合も同じように計算してみました。その結果、

1ドル＝140円になったとき
日本円だけ持っていた場合の預金残高…88万8000円
ドル定期も持っていた場合の預金残高…88万9000円

10円の円安効果で、iPhoneが8000円安く買えるようになり、日本円だけ持っていた場合の預金残高の残りが1ドル＝150円のときよりも増えます。しかし、ドル定期預金をすることで2年分の利息を受け取れた分、ドル定期預金を持っていた場合の預金残高のほうが1000円多くなっています。

1ドル＝130円になった場合
日本円だけ持っていた場合の預金残高…89万6000円
ドル定期も持っていた場合の預金残高…88万9000円

20円の円安効果でiphoneが1万6000円安く買えるようになり、日本円だけ持っていた場合のほうが預金残高が多くなります。このため、ドル定期預金をしていたことで7000円損してしまいます。

しかし、円高になるとスーパーの食料品が安くなったりします。円高で損した以上に食料品などの生活コストが下がり、トータルでは得する可能性もあります。

円安になっても円高になっても損をしない状態を作るためには、余裕資金の一部をドル定期預金にしておくとよいでしょう。円安・円高からお金を守る投資になります。

2 金利5%の商品もあるドル定期預金

第1章で、日本のいくつかの銀行の普通預金と定期預金の金利を紹介しました。金利が高い銀行でも、普通預金0・25%、定期預金（5年）0・45%でした。インフレ・円安・増税の今の時代にその程度の金利では、お金を守ることはできません。

そこで、**最近注目されている預金が、金利の高いドル定期預金です**。

ドル定期預金は、日本円をドルに交換してドルで定期預金をするため、外貨預金と呼ばれています。外貨預金は、ドル以外にもユーロやイギリスのポンド、オーストラリアドル（豪ドル）、ニュージーランドドル（NZドル）などで、普通預金や定期預金を始めることができます。

外貨預金の金利は何%？

まずは外貨普通預金の金利を、銀行ごと・通貨別に比較してみましょう（図3－2）。

いくつか銀行を比較したところ、住信SBIネット銀行の金利が高く設定されています。お客さんを増やすために頑張って金利を高くしていることがわかります。ただ、外貨

	ドル	ユーロ	ポンド	豪ドル	NZドル
三菱UFJ銀行	0.01%	0.001%	0.001%	0.001%	0.01%
三井住友銀行	0.01%	0.01%	0.01%	0.01%	0.01%
ソニー銀行	0.3%	0.1%	0.5%	0.3%	0.5%
住信SBIネット銀行	0.5%	0.3%	0.95%	0.5%	1.05%
auじぶん銀行	0.2%	0.1%	−	0.1%	0.1%
SBI新生銀行	0.01%	0.01%	0.01%	0.01%	0.01%

↑図3-2 銀行別・通貨別外貨普通預金の金利

	ドル	ユーロ	ポンド	豪ドル	NZドル
三菱UFJ銀行	0.01%	0.001%	0.001%	0.001%	0.01%
三井住友銀行	4.5%	0.01%	0.01%	0.01%	0.01%
ソニー銀行	0.3%	0.1%	0.5%	0.3%	0.5%
住信SBIネット銀行	5%	2.9%	3.3%	4.2%	5.1%
auじぶん銀行	5%	2.1%	−	2.6%	2.6%
SBI新生銀行	5%	2.8%	3.2%	4.1%	5%

↑図3-3 外貨定期預金の金利（期間1年の場合）

普通預金で金利が一番高いNZドルでも1・05%です。インフレ・円安・増税でお金が減ることを考えると、もっと高い金利が欲しいところです。

そこで次は、外貨定期預金の金利を見ていきましょう(図3−3)。

各銀行を比べてみると、住信SBIネット銀行やSBI新生銀行の金利が高くなっています。表を見るとわかりますが、外貨定期預金の金利は、日本円の普通預金以上に銀行によって違います。金利が違うとお金の増え方が全然違ってくるので、注意してチェックしておきましょう。

外貨定期預金の金利がどの通貨でも最も高かったのは、住信SBIネット銀行です。ドルが金利5%、NZドルが金利5・1%となっています。住信SBIネット銀行で、もっと長い期間の定期預金の金利を見ていきましょう(図3−4)。

これを見ると、金利は1年定期のほうが高く、5年や10年

	ドル	ユーロ	英ポンド	豪ドル	NZドル
期間1年	5%	2.9%	3.3%	4.2%	5.1%
期間3年	3.6%	2.1%	−	−	−
期間5年	−	−	−	−	−
期間10年	−	−	−	−	−

↑図3-4 住信SBIネット銀行の各国通貨別定期預金の金利

満期の定期預金は用意がありませんでした。金利だけで判断すると、ドルやNZドルで期間1年の定期預金をするとお金を増やすことができそうです。

ドル定期預金はいくらから始められる？

ドル定期預金はいくらから始められるのでしょう？　住信SBIネット銀行は1ドル（約160円）から、auじぶん銀行は1万円（約1万6千円）からと、気軽に始めることができるようになっています。申し込みもネットやスマホから数クリックでできてしまいます。

金利5％のドル定期預金に100万円預けておけば、1年で5万円の利息を受け取れます。円定期預金だと金利0.5％、1年で5000円しか利息がもらえません。4万5000円の差は大きいです。

しかし、ドル定期預金はドルでの元本は保証されていますが、ドルを日本円に戻したときに、手数料や為替レートにより元本割れする可能性があります。そこで、次の節ではドル定期預金を始めるときの注意点をお話しします。

3 ドル定期預金で注意すべきは円高による元本割れ

ドル定期預金で注意すべき点は、ドルでの元本保証はされていますが、円での元本保証はされていないことです。

たとえば、為替レートが1ドル150円のときに金利5％、期間1年で1000ドル分（15万円相当）の定期預金を始めたとします。1年後、1000ドルの元本は保証されておりきっちり返ってきますが、この1000ドルを日本円に戻すときに、為替レートによっては元本割れする可能性があります。

為替レートが10円動くと、利息も含めた利益がどのくらい変動するか計算した結果が図3－5です。

為替レートは1年でほとんど動かないときもあれば、何十円と動くときもあります。結果、金利以上に為替レートの変動によって利益が出たり損をしたりすることがあります。ドル定期預金は元本保証されていないようなものだから怖い！　という人もいるかもしれません。

確かにリスクはありますが、それでもドル定期預金を始めるメリットはあります。

ドル定期預金が元本割れしても損を取り戻せる方法

たとえば、1ドル＝150円のときに始めた外貨預金が、1年後、1ドル140円になり、3000円の損が出てしまったとしましょう。そんなときは、輸入品を買うことで3000円の損をなかったことにできます。

アメリカから輸入しているiPhone（エントリーモデルで799ドル）を買ったとします。10円円高になっているため、1年前よりiPhoneを

始めた日の為替レート　1ドル＝150円

	1年後、円高になった場合	1年後、円安になった場合
1,000ドル（15万円相当）の外貨預金、金利5%	1ドル＝140円	1ドル＝160円

⬇

解約して円に戻した時	元本14万円＋利息7,000円	16万円＋利息8,000円
元本の増減	3,000円の損	1万8,000円の利益

⬆図3-5　為替レートが10円動くとドル定期預金はどうなる？

7990円安く買うことができます。ドル定期預金で3000円損しましたが、輸入品であるiPhoneの価格が7990円安くなっているため、トータルすると4990円得したことになります。

iPhone以外にも、私たちの身の周りは輸入品であふれています。円高になれば石油をはじめとするエネルギーや食品など海外からの輸入品の価格が下がるため、家計は楽になります。円高によりドル定期預金に損失が生じる一方で、家計はメリットを受けるため、トータルで考えればプラスマイナスゼロ、もしかすると損する以上に得をしているかもしれません。

ドル定期預金に興味はあるけどもし円高になったら……とデメリットばかり考えて臆病にならず、広い視野を持つことも必要ではないでしょうか。

為替相場は予想がつかないが、ドル預金を敬遠する理由にはならない

ご存知のようにここ数年、為替は円安・ドル高傾向にあります。直近の1年（2023年7月〜2024年6月）では、1ドルの価値は143円から159円

へと変化しています。

仮に1年前に1000ドルのドル定期預金をしていたら……元本14万3000円（1000ドル×143円）は15万9000円（1000ドル×159円）に増え、さらに利息を7950円（金利5%）受け取ることができました。元本だけで10%以上も増えています。もしドル預金をしていたら、この1年は金利以上に儲けることができるチャンスの年でした。

しかし、ドルの価値がほとんど変化しないときもあります。過去5年間のドルの価値の変化を見てみると、2019年7月は108円、1年後の2020年7月は107円、2年後の2021年7月は

図3-6 米ドル/円の為替相場

110円とあまり価格は変わっていないことがわかります。

このように1ドルの価値の変化は、どうなるのか予測がつきません。そのため、為替の変化によって元本が増えたり元本割れしたりするドル定期預金にはあまりよい印象がない人も多いかもしれません。

しかし、それでも余裕資金の一部はドル定期預金や、あとで紹介するアメリカ国債へ投資をするメリットがあると筆者は考えています。

もともと輸入品への依存率が高い日本の生活は、為替レートに左右されがちです。円高・円安が生活とドル預金に及ぼす影響について図3－7にまとめましたが、**ドル定期預金をしないほうが生活費の変動リスクが高いと言えるのです。**

	円高になると…	円安になると…
生活への影響	・円高還元セール ・輸入食品などが安くなる ・生活費の負担が月1万円、年12万円減る ・元本が12万円減る	・iPhone、食料品、石油など輸入品が高くなる ・電気代など物価全般が上がる ・生活費の負担が月1万円、年12万円増える ・元本が12万円増える
ドル預金への影響	・元本が減る	・元本が増える

↑図3-7 円高・円安の生活とドル預金への影響

余裕資金の一部を金利が高いドル預金に預けておくことは、為替の変化が及ぼす影響の波の高低を少しでも平準化するために役立ち、お金を守ることにつながると言えるでしょう。

4 ドル定期預金に投資するならいくらまで？

さきほど「余裕資金の一部をドル定期預金に預けておくのはメリットがある」と述べました。では、いくらまでならドル定期預金へ投資しても大丈夫なのかを考えていきましょう。

オススメするのはまずは小さく、余裕資金の10％です。

生活費とは別に、余裕資金が３００万円あるとします。投資が初めての方であれば、まずは余裕資金の10％、30万円でドル定期預金を始めてみましょう。

金利５％で仮に10年間、30万円を投資し続けた場合、どのくらいお金が増えると思いますか？　30万円の５％で10年だから、15万円（30万円×５％×10年）の利息が受け取れます。ただし税金を約20％支払う必要があり、利息の手取りは12万円になります。結果、30万円の元本が42万円に増えます。

しかし、実はもっとお金を増やすことができます。金利５％の利息は毎年受け取ることができます。1年目に受け取った利息1万2000円（税金控除後）をあと9年間、5%の金利で再投資したとしましょう。すると1年目の利息がさらに4320円（＝1万2000円×5%×80%×9年）の利息を生み出します。2年目、3年目と毎年の利息も同じように金利5%で運用すると、10年間で最初の元本100万円は約44万円まで、約1・5倍に増えます。

今回はドル円の変動は無視して、日本円で金利5%で毎年投資ができたらどれだけ増えるかを考えました。次はドルベースで考えてみましょう。

10年後、ドルと円の変化で損する可能性は？

仮に1ドル150円のときに100万円分のドル定期預金を始めたとしましょう。100万円は、ドルに交換すると6666ドル（＝100万円÷150円／ドル）になります。10年間、金利5%で毎年の利息も再投資すると、6666ドルの元本が10年で9866ドルまで増えます。このとき、円安や円高になると日本円ベースではどうなるのでしょう？

ドルと円の交換レートが5円ずつ変化した場合、10年後のドル預金は日本円にするといくらの価値があり、そのときいくら儲っているか（損しているか）を計算してみたのが図3－8です。

戦後、1ドルの価値が最も下がった（円高）ときで、1ドル＝75円でした。仮に10年後、1ドル＝75円まで円高になったとき、ドル預

円高になった時の影響

1ドル何円？	円での価値	損する？得する？
150	1,479,900	0
145	1,430,570	430,570
140	1,381,240	381,240
135	1,331,910	331,910
130	1,282,580	282,580
125	1,233,250	233,250
120	1,183,920	183,920
115	1,134,590	134,590
110	1,085,260	85,260
105	1,035,930	35,930
100	986,600	－13,400
95	937,270	－62,730
90	887,940	－112,060
85	838,610	－161,390
80	789,280	－210,720
75	739,950	－260,050

円安になった時の影響

1ドル何円？	円での価値	損する？得する？
150	1,479,900	0
155	1,529,230	529,230
160	1,578,560	578,560
165	1,627,890	627,890
170	1,677,220	677,220
175	1,726,550	726,550
180	1,775,880	775,880
185	1,825,210	825,210
190	1,874,540	874,540
195	1,923,870	923,870
200	1,973,200	973,200
205	2,022,530	1,022,530
210	2,071,860	1,071,860
215	2,121,190	1,121,190
220	2,170,520	1,170,520
225	2,219,850	1,219,850

↑図3-8 ドル／円の変化による影響

金をしていたことで当初１００万円だった元本が約74万円まで減って26万円ほど損してしまいます。

一方、円高になることで輸入品の価格も安くなっています。74万円分を輸入品（食品、電気・ガス、ｉＰｈｏｎｅなど）の買い物に使えば、26万円の損も緩和できます。

逆に円安になればドル定期預金の利益はどんどん増えていきます。先ほどは75円円高になった場合の損失額を見ましたが、逆に75円円安が進むと元本１００万円が２２１万円まで増え、１２１万円も利益が出ます。

その分、現在のように輸入品の価格がどんどん値上がりし生活費が上昇するため利益の実感は減るかもしれませんが、円安でインフレになる影響を定期預金の利益が緩和してくれます。

このように考えると、余裕資金で10年間、金利５％でドル定期預金に投資することができれば、損するリスクはかなり少なくなります。

5 ドル定期預金のデメリット

ドル定期預金のデメリットとして、円ベースでは元本保証がないため、円に戻す際円高になっていたら元本割れの可能性があると述べました。

その他にも、2点、知っておくべきデメリットがあります。

ドル定期預金はペイオフの対象外

日本円の普通預金や定期預金、円仕組定期預金はペイオフの対象となっていて、銀行が倒産しても1000万円までは元本が保証されています。しかし、**ドル普通預金やドル定期預金といった外貨預金はペイオフの対象外とされており、銀行が倒産すると0円になってしまいます。**

ただ、銀行が倒産しそうになると○○銀行が危ない！　といったニュースが流れ始めるため、怪しいな？　と思ったら日本円の預金に戻したり（即日可能）、外貨のまま別の銀行へ送金すれば大丈夫です。

なお、外貨定期預金を解約する場合はペナルティが発生します。たとえば、ドル定期預金の金利が高かった住信SBI銀行もauじぶん銀行も、適用される金利が当初金利の10%（＝5%×10%＝0・5%）に減額されてしまいます。

また、他行への送金についても、できる銀行とできない銀行があります。たとえば住信SBI銀行は外貨のまま他行へ送金可能ですが、auじぶん銀行はできません。銀行によって途中解約条件や外貨での他行送金の可否は異なることを頭の片隅に入れておいてください。

ドル定期預金を始めるときの手数料、為替手数料とは？

ドル定期預金を始めるにあたっては、日本円をドルに交換する必要があります。このとき、為替手数料を銀行へ支払います。為替手数料は1ドルにつきいくらと決められていますが、銀行によってバラバラです。まずは、銀行ごとの為替手数料を見てみましょう（図3－9）。

為替手数料は、ドル定期預金にかかるコストです。コストは少ないほどいいに決まっていますから、できるだけ手数料の安い銀行を選ぶのも賢い方法です。

たとえば、三菱UFJ銀行でドル預金を始めるときは、日本円をドルに交換するのに1ドルにつき25銭の手数料が取られます。4ドル交換したら1円（25銭×4）の手数料です。1ドル150円のときに1000ドル（15万円相当）でドル定期預金を始めるとすると、為替手数料が250円（1000×25銭）必要になります。元本15万円あたりの両替手数料が250円です。

auじぶん銀行でドル定期預金を始める場合は、同じ1000ドルでも30円（1000×3銭）の両替手数料で始めることができます。元本15万円あたり30円です。

	ドル	ユーロ	英ポンド	豪ドル	NZドル
三菱UFJ銀行	25銭	25銭	50銭	50銭	50銭
三井住友銀行	25銭	70銭	2円	1円25銭	1円27銭
ソニー銀行	15銭	15銭	45銭	45銭	45銭
住信SBIネット銀行	6銭	14銭	24銭	24銭	24銭
auじぶん銀行	3銭	8銭	−	14銭	13銭
SBI新生銀行	15銭	40銭	60銭	20銭	20銭

↑図3-9 銀行別為替手数料

ドル定期預金（1年）の金利は住信SBIネット銀行もauじぶん銀行も5％で同じですが、為替手数料まで考えるとauじぶん銀行が一番おトクになります。

ちなみに、1年後に定期預金が満期を迎えたとき。定期預金から普通預金口座へお金がドルで戻ってきます。そのままドルでドル普通預金のまま持つこともできますし、再度ドル定期預金に預けることも可能です。このときは為替手数料は必要ありません。日本円に戻すときにだけ為替手数料が発生します。

キャンペーン金利に注意

デメリットとは違いますが、広告やキャンペーンで注意してほしいことがあるので触れておきます。

たとえば、図3－10のようなキャンペーンを見たことがないでしょうか？　なんと金利10％です！

しかし、よ～く見ると「1か月もの」と書かれています。これはドル定期預金を始めて最初の1か月だけ特別キャンペーン金利をつけますよ、1か月経過したら普通のドル定期預金の金利になりますよ、というキャンペーンです。

ちなみに、筆者が実際に見た例では、10%キャンペーンが終わった後の1年ものドル定期預金の金利は0・01%という銀行がありました。10%は最初の1か月だけ、その後は0・01%の金利では、年間の平均金利は1%以下になってしまいます。

こんなせこいキャンペーンに騙されないように、キャンペーン金利の条件やキャンペーン後の金利には十分気をつけましょう。ちなみに、キャンペーンで1か月10%、その後は金利5%ならドル預金の中では一番いい金利なのでお金を預けてもよいでしょう。

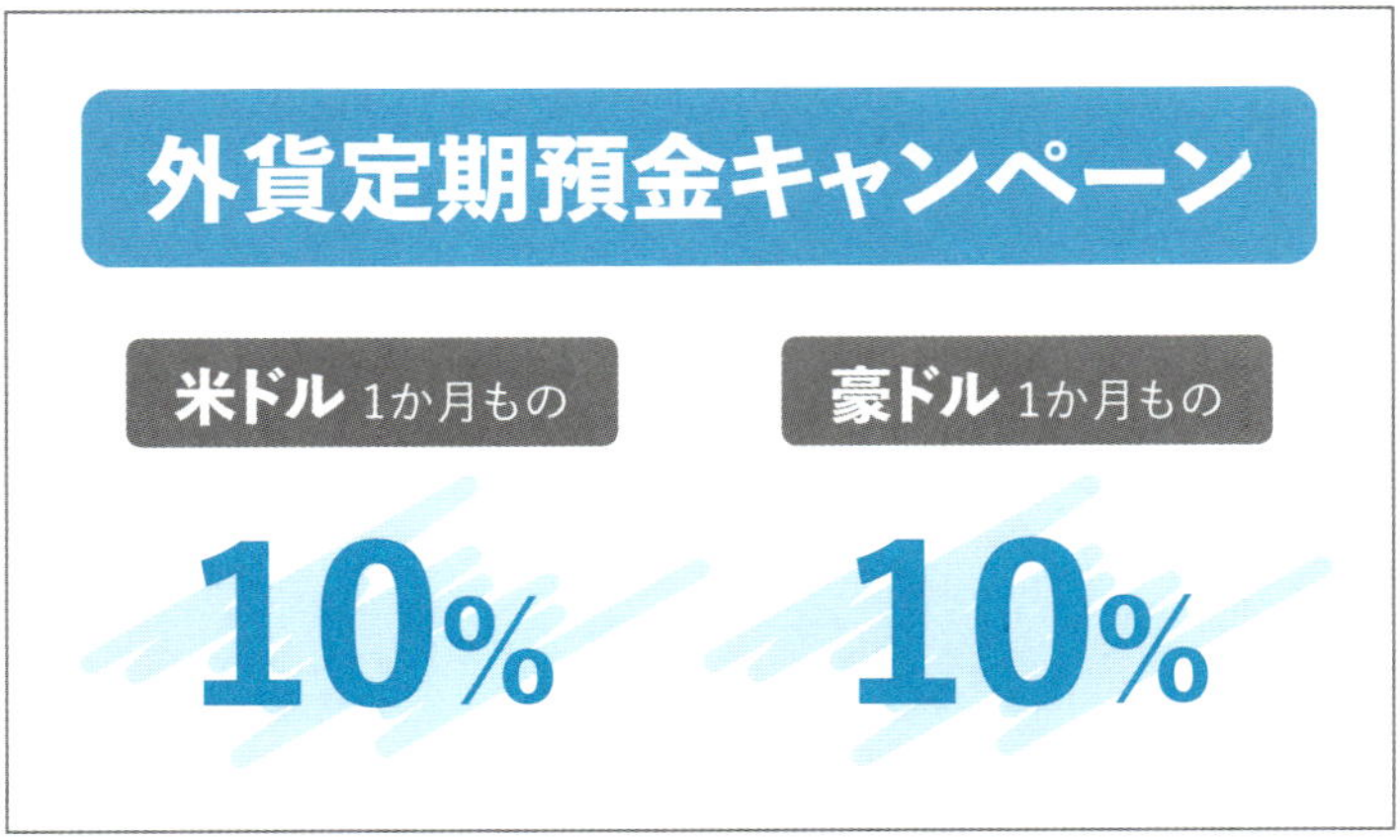

図3-10 こんな広告にご注意！

6 新興国の高金利定期預金はハイリスク！

これまで紹介してきた外貨定期預金以外にも、いろいろな国の通貨でできる定期預金があります。ちょっと調べれば見つけられるのが南アフリカランド建て定期預金やメキシコペソ建て定期預金、トルコリラ建て定期預金です。金利も6～12％ととても魅力的です（図3－11）。

しかし、これらの国の通貨はドルよりももっと大きく上がったり下がったりします。先進国と比べ経済が安定していないため、高い金利をつけないとお金を貸してくれる人がおらず、ドル定期預金よりも金利が高くなっています。トルコリラの価値がどのように変化しているのか見てみましょう。

図3－12を見ると、トルコリラの円に対する価値は、ほぼ毎年下がり続けていることがわかります。10年前と比べると約90％も価値が下がっています。1年前は唯一プラスになっていますが、2年前と比べたら45％価値が下がっています。

金利が12%もらえても、それ以上にトルコリラの価値が下がっているため、利息以上に元本が減少して損してしまいます。このように**新興国通貨はドルよりも価値の変動が大きいため、初心者は手を出さないことをオススメします**。金利が高いからというだけで投資するのはやめておきましょう。

ちなみに、筆者自身の話ですが、過去に南アフリカランドに投資していたことがあります。当時、金利が今よりも高かったため、高金利を狙って投資をしたのですが、見事に価値が半分になってしまい、嫌になってやめました。200万円くらい損した記憶があります。

みなさんもこんなふうに損しないように、投資の初心者期間は、新興国通貨には投資しないように気をつけましょう。

預入期間	南アフリカランド（ZAR）	メキシコペソ（MXN）	トルコリラ（TRY）
1か月	5.30%	7.00%	12.00%
3か月	5.80%	8.00%	12.00%
6か月	6.10%	8.00%	12.00%
1年	6.10%	8.00%	12.00%

↑図3-11 南アフリカランド、メキシコペソ、トルコリラ定期預金

	1トルコリラ＝何円？	100万円を金利12%で定期預金に預けたら今いくら？	いくら損したか？（儲かったか？）
2014年	45.3	233,113	−766,887
2015年	50.2	198,884	−801,116
2016年	41	229,463	−770,537
2017年	32.9	268,450	−731,550
2018年	28.8	286,667	−713,333
2019年	20.7	371,014	−628,986
2020年	18.5	384,000	−616,000
2021年	14.1	462,979	−537,021
2022年	8.7	684,138	−315,862
2023年	4.2	1,280,000	280,000
2024年	4.8	1,000,000	0

↑図3-12 トルコリラの価値の変化

7 金利4%台、アメリカ国債にも目を向けよう

第2章で、低リスクの投資先として日本国債を紹介しましたが、国債にはアメリカ版があります。アメリカ政府にお金を貸すアメリカ国債です。アメリカ国債は何十年という長期の期間でも固定金利で投資することができる投資先があり、よりお金を減らさずお金を守れる可能性が高まります。ここでは、ドル定期預金と比べながらアメリカ国債のメリットを見ていきましょう。

ドル定期預金とアメリカ国債の金利の違い

まずは金利を比べてみましょう。ドル定期預金は金利が一番高かった銀行の金利を掲載しています。ドル定期預金は期間が1年か3年しか選択できませんが、アメリカ国債の場合は満期まで30年近いものも見つかります。期間ごとにそれぞれの金

利を見ていきましょう（図3−13）。

期間1年で投資をしたい場合は、ドル定期預金のほうが金利が高いためドル定期預金を選択することになります。10年間投資したい場合は、今回であれば年数が近い9・9年で金利が4・08%のアメリカ国債を選ぶとよいでしょう。このように、**銀行の外貨定期預金では用意されていない、3年を超える期間の投資先があることがアメリカ国債の1つのメリットになります。**

金利5%と金利4%では、どのくらいお金の増え方が変わる？

10年間、金利5%で利息も再度投資したと

	ドル外貨預金・住信SBIネット銀行	アメリカ国債
期間1年	5%	4.85%
期間3年	3.60%	4.50%
3.2年	−	4.28%
5.4年	−	4.11%
9.9年	−	4.08%
15.2年	−	4.13%
20.2年	−	4.35%
25.2年	−	4.32%
29.9年	−	4.22%

↑図3-13 ドル定期預金とアメリカ国債の金利比較

すると、１００万円が１４８万円（税控除後）まで増えます。金利４％だと１３７万円(税控除後)まで増えます。

　では、ドルと円の価値がどのくらい変動すると元本割れする可能性があるか、金利５％の場合と金利４％の場合を比べてみましょう（図３－14）。

　金利５％のときは１ドル＝１００円になると元本割れしますが、金利４％のときは１ドル＝

金利 5%の場合

1ドル何円?	円での価値	損する?得する?
150	1,479,900	0
145	1,430,570	430,570
140	1,381,240	381,240
135	1,331,910	331,910
130	1,282,580	282,580
125	1,233,250	233,250
120	1,183,920	183,920
115	1,134,590	134,590
110	1,085,260	85,260
105	1,035,930	35,930
100	986,600	−13,400
95	937,270	−62,730
90	887,940	−112,060
85	838,610	−161,390
80	789,280	−210,720
75	739,950	−260,050

金利 4%の場合

1ドル何円?	円での価値	損する?得する?
150	1,369,907	0
145	1,324,244	324,244
140	1,278,580	278,580
135	1,232,917	232,917
130	1,187,253	187,253
125	1,141,590	141,590
120	1,095,926	95,926
115	1,050,262	50,262
110	1,004,599	4,599
105	958,935	−41,065
100	913,272	−86,728
95	867,608	−132,392
90	821,944	−178,056
85	776,281	−223,719
80	730,617	−269,383
75	684,954	−315,046

図3-14 円高の影響・金利5%の場合と4%の場合の比較

105円で元本割れしてしまいます。金利が1％下がり、お金の増える額が減ったことで円高に対するリスクが高まっています。円高で生活コストが減る分で、ドル国債で損する分が緩和されるとはいえ、ドル国債単体で元本割れすることに抵抗がある場合は、投資する額を減らすと精神的負担を減らせます。

この例では、100万円を金利4％で投資して10年後に1ドル＝105円になると元本が約4万円減っています。この4万円損する可能性に精神的負担を感じる場合は、投資する額を10万円に減らしてみましょう。すると、10年後に1ドル＝105円になった場合の元本割れしてしまう額は4000円になります。4000円なら会社の飲み会を1回我慢すれば補える額です。

このように、投資する額を減らすことで損した場合の精神的負担を減らすことができます。

アメリカ国債に20年、30年投資するとお金はどのくらい増える？

期間約20年のアメリカ国債の金利は4.35％、期間30年のアメリカ国債の金利は

4・22％です。それぞれ計算した結果、税金を約20％引かれた手取り額はこうなります。

・期間20年の場合　100万円　↓　約169万円
・期間30年の場合　100万円　↓　約201万円

〈利息も再投資した場合〉
・期間20年の場合　100万円　↓　約197万円
・期間30年の場合　100万円　↓　約270万円

期間20年、期間30年まで投資するとかなり増えています。このように投資は、期間が長くなるほどお金がどんどん増えるようになるため有利です。

特に、利息も再投資し続けると、30年目に受け取る1年分の利息は、当初の元本100万円に対する利息約3・3万円と、1年目から29年目までの利息を再投資したことで得られる利息5・5万円の合計で8・8万円になります。すると30年目は、当初の100万円に対して1年で8・8万円の利息を受け取ることができるようになります。

税金を払った後の手取りベースで金利8・8%はかなり魅力的な金利と言えるのではないでしょうか。

8 アメリカ国債に投資してみよう

アメリカ国債は、日本の証券会社で購入することができます。アメリカ国債を取り扱っている主な証券会社は、ＳＢＩ証券、楽天証券、マネックス証券、ＳＭＢＣ日興証券、ＪＴＧ証券、大和証券、野村證券などです。初心者の方はネットやスマホで手軽に口座開設も取引もできるＳＢＩ証券、楽天証券、マネックス証券あたりで口座作成・取引することをオススメします。

また、アメリカ国債は最低１００ドルから１００ドル単位で投資することができます。日本円で約１万５０００円から投資することができるため、金額的なハードルも低いです。なお、初めてアメリカ国債に投資するなら、期間は10年くらいまでにしておきましょう。

アメリカ国債を実際に買ってみよう！

実際にアメリカ国債を購入する際には証券会社の口座へ事前に入金しておく必要があります。入金は、証券会社が提携している金融機関であれば、ネットバンキングを利用して即時に行うことも可能です。

実際に購入できるアメリカ国債の条件は、たとえば図3－15のように表示されます。

購入画面の見方を解説します。もらえる利息に関係しそうな数字が2つあります。利率4・375%と利回り4・038%です。**中古の国債を買うときに、私たちがよりチェックしなければいけないのは、利回り4・038%です。**

利率とは、100ドルのアメリカ国債に対して

米国国債　2034/5/15満期			
利率 （外貨ベース）	年4.375% （税引前）	申込数量	–
単価	102.7%	約定数量	–
利回り	4.038%	販売単位	100米ドル以上 100米ドル単位
利払日	毎年5/15、 11/15	残存年数	約9.9年
償還日	2034/5/15	発行体格付	AA+（S&P）/ Aaa（Moody's）

↑図3-15 アメリカ国債の例

半年ごとに受け取れる利息の利率のことです。図では年4・375％となっているため、半年ごとに100ドル×4・375％÷2＝2・1875ドルの利息を受け取ることができます。

金利4・375％が受け取れ、満期には100ドルの元本が返ってくるこの中古の国債は今、102・7ドルで販売されています。100ドルより高くなっていますが、これは現在の金利が下がったことで、金利4・375％の国債の魅力がアップしているため、元本の100ドルよりも高く販売されています。

そして、満期までこの国債を保有した場合の、購入費用102・7ドルに対する1年あたりのリターンが4・038％となります。これが利回りです。

たとえば満期まで1年、金利20％のアメリカ国債100ドルが110ドルで販売されていたとしましょう。すると、110ドルを投資した1年後に120ドルを受け取れます。この場合の利回りは（120ドル÷110ドル×100－1）＝9・09％となります。このように、元本に対する金利（利率）と、投資額に対する利回りが異なるため、アメリカ国債の購入条件には両方が表示されています。

アメリカ国債を買うときは、複数の証券会社を比較しよう

アメリカ国債は、証券会社によって多少利回りが違うことがあります。より有利な条件で投資ができるよう、購入の際は複数の証券会社で条件を比較しましょう。たとえば、2024年7月に3つの証券会社で同じような期間のアメリカ国債の金利を比べてみました。

・SBI証券　期限2029年3月　金利3.968%
・楽天証券　期限2029年3月　金利3.39%
・野村證券　期限2029年5月　金利3.97%

3社を比較してみると、一番金利が高いのは野村證券、一番低いのは楽天証券で、金利差が0.58%あります。100万円をアメリカ国債に投資したとすると1年で5800円、5年だと2万9000円の差がつきます。

このように、運用期間が長いほど、ちょっとした差が大きな違いになります。

9 知っておきたいアメリカ国債の知識

ドル定期預金を始める際、円をドルに交換するときに銀行により1ドルあたり3銭だったり25銭だったりの手数料が必要でした。アメリカ国債を買う場合も、為替手数料は必要です。

まずは証券会社へ自分の銀行口座から日本円で送金します。そして証券会社の口座内で円からドルへ交換してアメリカ国債を買うことになります。この際、為替手数料がかかります。

ＳＢＩ証券、楽天証券は1ドルあたり25銭、野村證券は1ドルあたり50銭（10万ドル未満の取引の場合）でした。１００万円をドルに替える場合、為替手数料が25銭とすると約１５００円になります。たとえば金利４％、期間10年のアメリカ国債に１００万円分投資する場合は、10年間で40万円の利息が受け取れます。40万円の利息を受け取るために１５００円の為替手数料が必要、と考えると特に高い手数料でもありません。

アメリカ国債の金利は、毎日変動している

アメリカ国債（期間10年）の金利の推移を見てみましょう（図３－16）。アメリカの景気がよくなると金利が上がり、景気が悪くなると金利が下がります。グラフで最も金利が低い時期は２０２０年３月で、０・４％くらいまで下がっていました。新型コロナ感染症が世界で猛威を振るい、景気が悪化していた時期です。現在はアメリカが好景気で金利が高くなっているため、４％を超える金利となっています。

なお、表の金利は２０２４年６月時点となるため、実際に投資する場合は最新の金

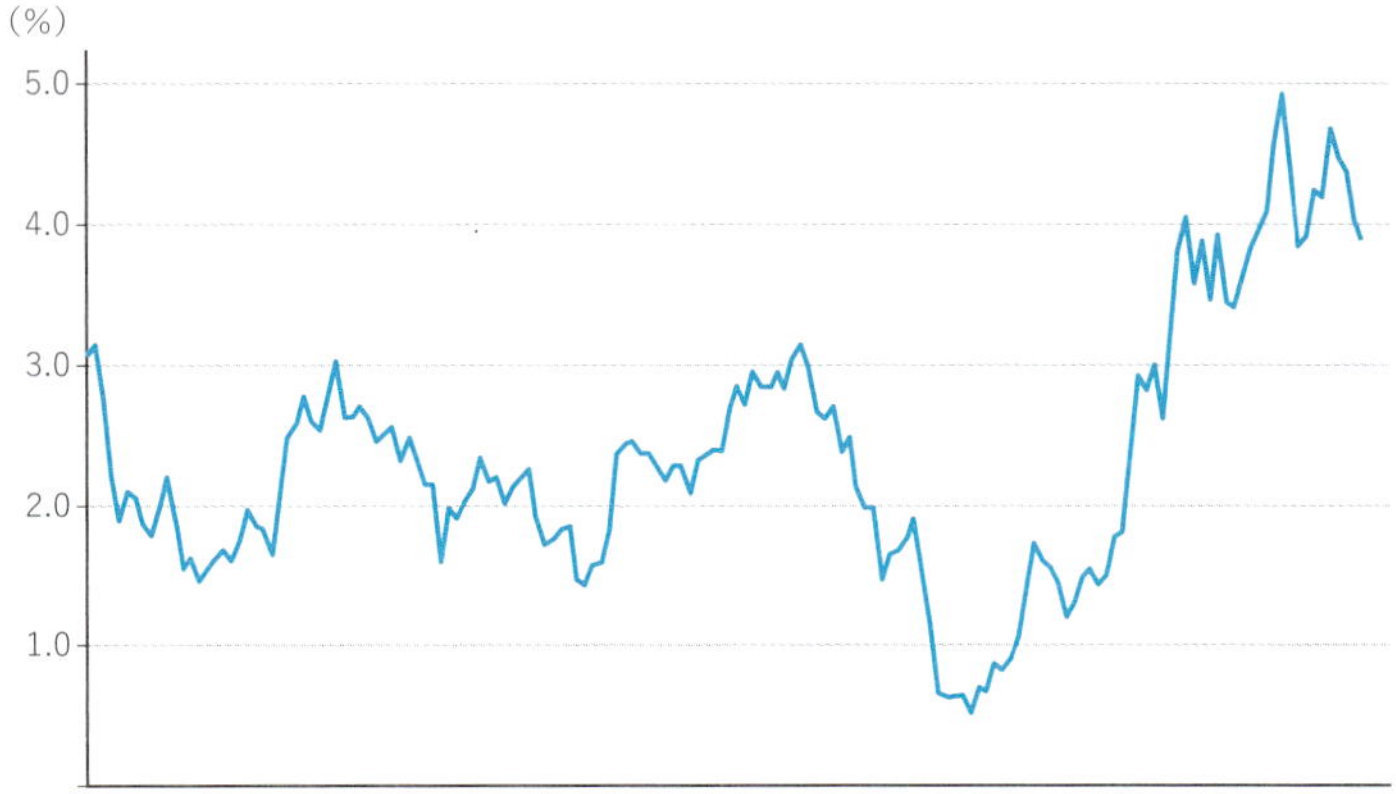

図3-16 アメリカ国債（期間10年）の金利の推移

利状況を証券会社に確認してください。証券会社の担当者に確認するか、ネットで証券会社の口座にログインすれば確認できます。

アメリカ国債にはいろいろな呼び名がある

証券会社でアメリカ国債を買おうと販売中の国債の一覧表を見ていると、アメリカ国債にいろいろな種類があり混乱することがあるかもしれません。そこで、よく見かけるアメリカ国債の表記とその意味を解説します。

まずは、満期までの期間によるアメリカ国債の呼び名の違いで3種類あります。

①トレジャリービル…満期までの期間が1年未満で発行されたアメリカ国債
②トレジャリーノート…満期までの期間が2年~10年で発行されたアメリカ国債
③トレジャリーボンド…満期までの期間が10年超で発行されたアメリカ国債

満期は、アメリカ国債が新規に発売されたときから満期までの期間でカウントされます。私たちが証券会社で購入するアメリカ国債は中古のアメリカ国債です。このため、20年前に新規に発行された満期までの期間30年だったトレジャリーボンドが、25年経過して中古として満期まで残り5年のトレジャリーボンドとして販売されていることもあります。満期まで5年なのになぜトレジャリーボンド？　と混乱しないように、頭の片隅に入れておいてください。

次に、利息の受け取り方の違いで2種類に名前が分かれます。**1つ目が利付債、2つ目が割引債（ストリップス債、ゼロクーポン債）です。**利付債は毎年、利息を受け取ることができるアメリカ国債です。定期預金みたいなイメージです。

もう1つの割引債（ストリップス債、ゼロクーポン債）は、毎年受け取る利息は0円ですが、その分満期に受け取ることができる元本金額より毎年の利息分だけ安く販売されるアメリカ国債です。

割引債（ストリップス債）の販売条件

割引債は図3－17のような条件で販売されています。2024年7月22日に購入可能だった中古の割引債（ストリップス債）の条件です。①単価と、②利回りについて説明します。

①アメリカ国債は100ドル単位で購入することができます。この100ドルのアメリカ国債を、100ドル×30・76％＝30・76ドル（日本円で約4900円）で購入ができるという意味です。約30年後の満期日には100ドルになってお金が返ってきます。このように、毎年の利息は払われない代わりに、将来の100ドル（返済される元本）を安く（約30年分の利息相当額を引いた額）購入できるというのが割引債（ストリップス債）の特徴です。

②毎年の利息相当額です。どのように計算された利息かというと、

30・76ドル×1・0408＝32・02ドル（1年後の利

①単価	30.76%
②利回り	4.08%
③発行価格	額面金額の26.518%
④利率	0%
⑤額面	100USD
⑥発行日	2023年11月15日
⑦償還日	2053年11月15日

↑図3-17 割引債（ストリップス債）の条件

息＋元本の額）
32・02ドル×1・048＝33・32ドル（2年後の利息＋元本の額）
33・32ドル×1・048＝34・68ドル（3年後の利息＋元本の額）
（中略）
29年4か月後（満期日）100ドルぴったりまで増えて返金される
このようにして計算されたとき、満期日にピッタリ100ドルになる金利が4・08％という意味です。ちなみに、満期まで複利で計算されます。

そして、普通の国債は毎年利息をもらって毎年税金が引かれますが、割引債は毎年税金が引かれることはありません。毎年引かれていた税金相当額にも利息がついて増え、最後に元本の返済を受けたときに、購入したときとの差額が利息として認識されて税金を支払います。このように複利でお金が増え、税金も最後に払えばいいことから、満期まで期間30年のこの割引債を100万円分購入しておけば325万円（税引き前）までお金が増えます。なかなか凄い増え方です。

10

投資は時間を分散してリスクを減らそう

アメリカ国債は毎日値段が変動しています。アメリカ国債を購入する単価（ドル）が変動し、ドルと円の為替レートも変動し、さらに金利も変動しています。

この中で一番変動しているのは、ドルと円の為替レートです。このため、アメリカ国債を買うときには買いたい金額分を一気に買わず、たとえば1か月ごとに10万円ずつ買うことで、価格の変動リスクを緩和することができます。事例を使って見ていきましょう。

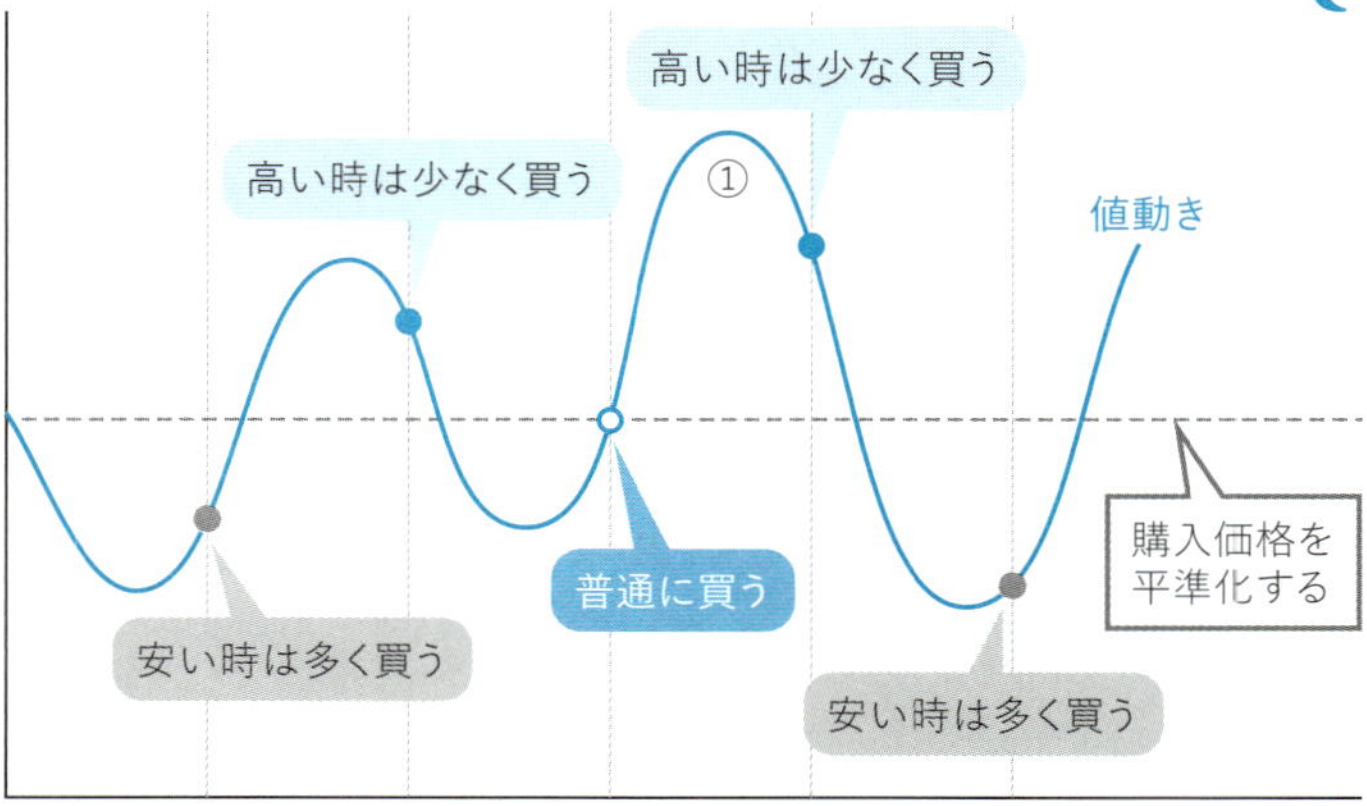

図3-18 どのタイミングでどれくらい買うとよい？

図3－18のグラフのように、アメリカ国債の価格は日々変動しています。たとえば①の価格が高いところで一度に120万円分のアメリカ国債を買うと、ちょっともったいない気がします。そこで、たとえば毎月10万円ずつ、1年かけてアメリカ国債を買い続けると、価格の変動リスクを分散することができます。

「常に一定金額を」「定期的に」購入するドルコスト平均法

図3－19は、一度に120万円分のアメリカ国債を買った場合と、毎月10万円ずつ12か月連続でアメリカ国債を買い続けた場合に、どれだけのアメリカ国債を購入できるかを計算したものです。

毎月の為替レートは円高になったり、円安になったりしています。このため、毎月購入できるアメリカ国債の金額も増えたり減ったりします。

この例では、一度に買う場合は7500ドル分のアメリカ国債を購入しているのに対し、毎月10万円ずつ買う場合は7568ドルと、68ドル多くアメリカ国債を購入できています。この例とは逆に、毎月に分けて買うことで買えるアメリカ国債の金額が減ってしまうこともありますが、少額で長く買い続けるほど円高・円安の影響を減らせる可能性が高くなります。

このように価格が変動する商品に対して**「常に一定金額を」「定期的に」購入する方法を、ドルコスト平均法といいます。**

	ドル/円レート	10万円で購入できるアメリカ国債	一度に120万円分、アメリカ国債を購入
1か月目	160円	625ドル	7,500ドル
2か月目	157円	637ドル	
3か月目	155円	645ドル	
4か月目	158円	633ドル	
5か月目	162円	617ドル	
6か月目	160円	625ドル	
7か月目	159円	629ドル	
8か月目	158円	633ドル	
9か月目	155円	645ドル	
10か月目	158円	633ドル	
11か月目	162円	617ドル	
12か月目	159円	629ドル	
アメリカ国債の購入額		7,568ドル	7,500ドル

↑図3-19 分散して買うか？　一度で買うか？

11 日本国債とアメリカ国債、どっちが安全？

国債に投資する場合、その国の政府が破綻するとお金が0円になってしまう可能性があります。では、日本政府とアメリカ政府を比べて、どちらがより安全なのか？と聞かれると、よくわからないですよね。そんなとき、投資の初心者でも簡単に投資先の安全度を知ることができる手段として**格付け評価**があります。

格付けでは、世界の国ごとにAAA〜Dまでのアルファベットでその国の国債の安全性が表されています。具体的には、図3－21を見てください。国債を買った場合、ちゃんと利息と元本が支払われるかという確実性が評価されています。

国債を買うならAAA、AA、Aの格付けの国に投資すれば元本が返済される可能性が高いでしょう。このような、投資する際の安全度を把握するための格付けを発表している格付け評価会社として、アメリカのムーディーズ社とS&P社が有名です。

格付機関	ムーディーズ	S&P	債務履行の確実性
投資適格	Aaa	AAA	確実性が最も高い
	Aa	AA	確実性が非常に高い
	A	AA	確実性が高い
	Baa	BBB	確実性がある
投機的格付	Ba	BB	当面は問題ない
	B	B	確実性が乏しい
	Caa	CCC	不履行の危険がある
	Ca	CC	不履行の危険が高い
	C	C	不履行の危険が非常に高い
		D	債務不履行に陥っている

図3-20 格付けの見方

	ムーディーズ	S&P	5年もの国債金利
ドイツ	Aaa	AAA	2.425
オランダ	Aaa	AAA	2.602
オーストラリア	Aaa	AAA	4.132
スイス	Aaa	AAA	0.671
カナダ	Aaa	AAA	3.454
アメリカ	Aaa	AA+	4.295
フランス	Aa2	AA−	2.915
日本	A1	A+	0.546
トルコ	B3	B+	32.67
ロシア	Ca	SD	15.915
ウクライナ	Cc	SD	31.0

図3-21 各国の格付け

では、実際にどこの国へお金を貸すのが安全か、いろいろな国の格付けを見ていきましょう。

世界の国の信用度が一目瞭然

世界の国の中で、お金を貸すときに最も安全な国と評価されているのはドイツ、オランダ、オーストラリア、スイス、カナダで、格付けはＡＡＡです。アメリカはＡＡ、日本はＡと評価されています。日本は利息の支払い、元本の返済を約束通り実行してくれる国に該当しますが、アメリカよりは安全性が低いと評価されています。投資初心者は格付けＡ以上で投資しておくことが無難です。

たとえばフランスにお金を貸そう、と考えたときに格付けを見れば、貸してもいい国かどうかを簡単に判断できます。

次に各国の国債の金利を見ていきましょう。投資しても安全な格付けＡ以上の国の中では、アメリカ国債の金利が最も高くなっています。世界の国債の中では、アメリカ国債が投資先としてよさそうです。

対して、たとえばトルコの国債の金利は30%を超えていますが、国の格付けはBです。Bの意味は、「国債を買っても利息と元本が約束通り払われる可能性が低い」です。戦争中のロシアは15・9%、ウクライナは3年国債が31%でした。

格付けは低いが金利が高い国の国債を実際に買うとどうなるか？

図3－22はトルコの期間10年の国債の金利の推移チャートです。10年前の金利は10%でした。10年前に100万円分のトルコ国債を仮に買っていたとしたら、今いくらになっていると思いますか？　トルコの通貨、リラで100万円相当の国債を買い、金利10%で10年間運用した結果、トルコリラベースでは2倍に増えています。そして、このトルコリラベースで2倍に増えた元本・利息の合計額を日本円に戻すと、なんと！　たった20万円ほどになります。トルコリラの日本円に対する価値が90%も下落したためです。

最近、日本ではインフレが進み、食料品や電気代が値上がりして苦しいと感じていますが、インフレ率は数%です。トルコでは酷いときには年間70%を超えるインフレが起こりました。この結果、経済が混乱し、トルコリラの価値が暴落しました。

10年前は1トルコリラ＝47円くらいだったレートが、10年後には1トルコリラ4・7円と10分の1になる凄まじいトルコリラ安が起こりました。その結果、10年前に金利10％でトルコ国債を買っていてトルコの通貨ベースでは2倍に増えていても、日本円に戻すと元の100万円が20万円に減ってしまうという事態が起こりました。

このように、**投資適格ではないBやCの国債を購入すると、元本割れが起こる可能性があることを覚えておいてください。**

金利だけにつられて投資をすると痛い目に遭います。

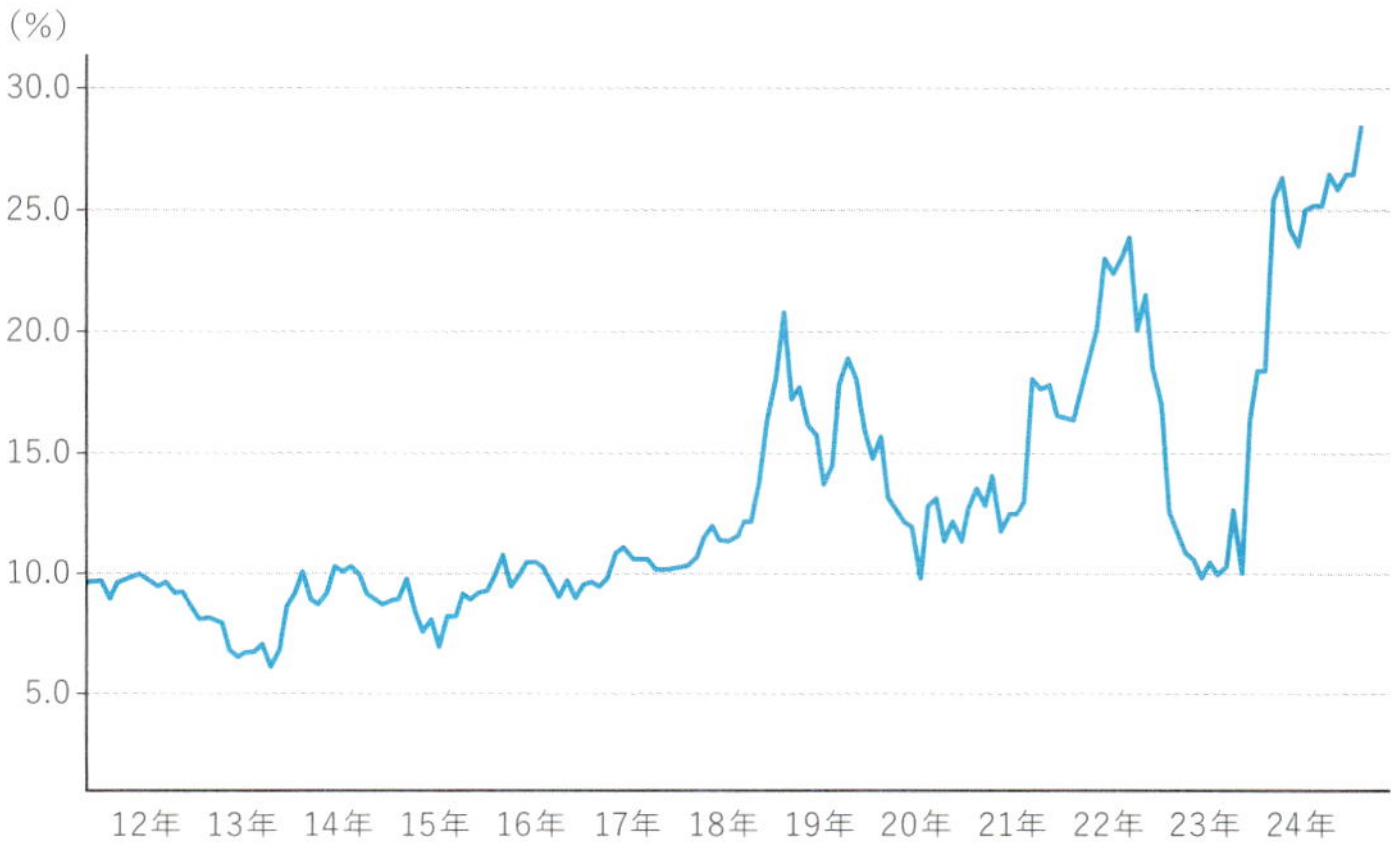

⬆図3-22 トルコ10年債券の利回り

12

為替の歴史を知れば為替変動への不安は消える

日本で円の利用が始まったのは明治4年（1871年）で、日本円が誕生した明治初期の為替レートは1ドル＝1円でした。それから約150年、現在は1ドル＝約160円になっています。

第3章の最後に、円とドルの歴史を見てみましょう。すると、将来、円高になるのか、円安になるのか、などと考えても無駄だなと心底思わされます。私たちにできることは、どちらに転んでもいいように、資金の一部をドルで持っておくことだと思います。

1ドル1円時代から、約150年後の現在まで、いろいろな出来事を経て現在の為替レートになっています。かなり簡略化していますが、どんな出来事があり、どのくらい為替レートが変化してきたか見てみましょう。

年	為替レートと出来事
1871年	1ドル＝1円
1897年	1ドル＝2円（金本位制へ移行、それまでは銀本位制）
1932年	1ドル＝5円（金本位制から離脱）
1945年	1ドル＝15円（第二次世界大戦で負けた混乱期）
1947年	1ドル＝50円（インフレ率5年平均134%の時期、1945年－1950年）
1948年	1ドル＝270円
1949年	1ドル＝360円
1971円	1ドル＝308円（ドルと金の交換停止、ニクソンショック）
1973年	1ドル＝280円（現在の変動相場制へ移行）
2011年	1ドル＝75円（過去最高値）
2024年	1ドル＝160円

⬆図3-23 為替レートの歴史

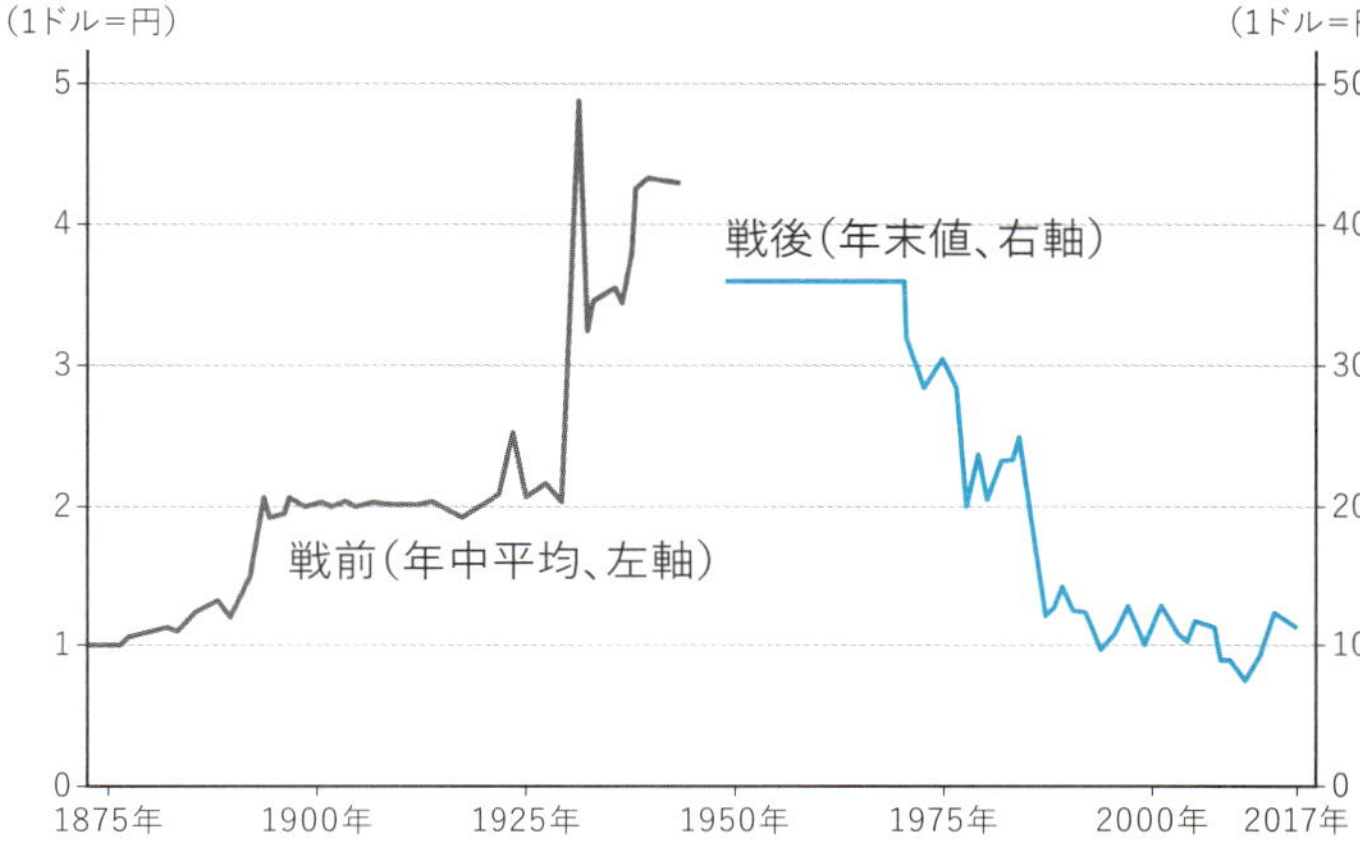

⬆図3-24 米ドル/円相場の推移

このように、約150年の間にドル・円の価値はものすごく変動してきました。また、世界的なお金の仕組みが大きく変化する出来事も何度も起こっています。

こういう歴史を知ると、最近の円安など可愛いものだと思えてきます。特に第二次世界大戦後のハイパーインフレは強烈です。5年間のインフレ率の平均が134%ですから、インフレが始まった1945年の物価を100とすると、

1946年	145
1947年	210
1948年	305
1949年	442
1950年	640

と、実に6倍以上にまで物価が高騰していたことになります。約80年前の出来事です。これから比べると、現在は円安でインフレ傾向にあるとはいえ、本当に安定した経済環境だなと思えてきます。

予測できない事態にはどちらに転んでもいいように対策しよう

ここでお伝えしたかったことは、いつ何が起こるか予測することは困難で、予想が100%当たることはないということです。

予測ができないときは、どちらに転んでもいいように対策しておくことが大切だと思います。円高になっても円安になっても、余裕資金の一部をドルに替えておくことで生活資金を守れることは何度も書いてきました。逆に、ドルをまったく持っていないほうが、ドルと円の価値の変化によって生活費が変動するリスクに晒されることになります。また、利息を受け取れないリスクに我々は何十年も晒されてきました。

今まで投資は難しそう、損するのが怖い……と思って投資できていなかったとしても、ドル定期預金を1ドル（約160円）からでも、アメリカ国債を100ドル(約1万6000円)からでもいいので、まずは小さく始めてみてもらえたらと思い、過去のドルと円の交換レートの歴史を紹介してみました。

ドル定期預金はすでにネットやスマホで銀行取引をしている人なら数秒で始める

ことができます。最初は多少、取引画面の見方など迷うことがあるかもしれません
が、それでも1時間もかからず始めることができると思います。
簡単に少額から始めることができるので、この第3章を読み終わったらぜひ、1
ドルからでもドル定期預金を始めてみていただきたいなと思います。

Column

カンボジアの銀行で金利7・5%の定期預金を始めた話

金利7・5%の定期預金があったら最高に嬉しいですよね。何も考えず余裕資金を預けることができます。実は私はやっています。ただし、日本ではありません。カンボジアの銀行でです。

カンボジアの銀行にお金を預けるなんて危なくないの？　と思う人が多いと思います。もちろん元本保証なんてありません。カンボジアの定期預金をオススメしているわけではなく、私がどんな判断規準で投資をしているのか、投資の考え方を知っていただければと思い、事例として紹介します。

カンボジアは東南アジアにある国で、タイとベトナムに挟まれています。国の格付けはBであり、トルコの事例のように金利でお金が増えても通貨安で大損するかもしれません。このため、最初に友人からカンボジアには金利7・5%の定期預金があると聞いたときは、まったく興味が湧きませんでした。カンボジアには失礼ですが、カンボジアで預金？　大丈夫なの？　と思っていました。

しかし、周りの友人が何人かカンボジアで定期預金を始めていたため、気になってきて詳しく聞いてみました。すると件のカンボジアの銀行の親会社が日本の会社であることがわかりました。本書でもこれまで何度か名前が出てきたSBI証券の親会社であるSBIホールディングスです。資本金（事業を始めるために準備された自己資金）が1800億円もある格付けAの会社です。そのSBIホールディングスが、SBI LY HOUR BANKというカンボジアの銀行の親会社だったのです。

私は自分で税理士法人を経営していますが、税理士法人を始めた際の出資金は確か500万円でした。私が経営する税理士法人は世の中に無数にある中小企業の1つであり、格付けなんてつけてもらえません。たとえ国の格付けがBでも、SBIホールディングスが親会社である銀行なら、私の経営する税理士法人よりずっと安全なのでは？　と思います。自分が経営している会社が倒産する可能性はゼロではないため、余裕資金の一部をSBIホールディングスの子会社の銀行へ定期預金で預けておくほうが安全だなと考えました。

また、この定期預金はカンボジアの通貨リエルではなく、ドルで始めることができます。リエルの定期預金だったら、トルコリラのようにリエルと円の価値が変動して損をする可能性もあるので嫌だなと思っていたのですが、ドルであれば安心感が違います。

そこで、カンボジアに旅行したついでに、SBI LY HOUR BANKに口座を開き、定期預金を始めることにしたのです。

ただし、カンボジアの定期預金に預けたのは、余裕資金の1%程度です。私は余裕資金の一部（全体の5%まで）はリスクが高めでも高い金利を狙っていこう、と考えているため、カンボジアの定期預金を始めました。最悪、0円になってもいいやという覚悟の上です。

カンボジアで定期預金をやってみて衝撃的だったこと

カンボジアで定期預金を実際に始めてみて一番衝撃的だったのは、利息が毎月受け取れるということです。毎月利息を受け取り、その利息も再投資すればどんどんお金が増えます。

毎月利息が受け取れる他にも面白かったことがあります。銀行口座を作った際に受け取れるカンボジアの銀行のキャッシュカードが、何と日本でも使えることがわかりました。たとえば、コンビニのATMでカンボジアの自分の預金口座からお金を引き出すことができるのです。これにも衝撃を受けました。またカンボジアへお金を送金することも最近はすごく簡単になっていて、ネットやスマホで使える送金サービスで簡単に送金できます。しかも大手銀行で海外送金するよりも手数料などが格安です。

カンボジアの定期預金はどうやって始めるの？

カンボジアの銀行預金は、初心者向きではありません。ではなぜこんな話をしたかというと、世界にはいろんな投資先があることや、リスクがある投資先に対してどうやったらリスクを減らして投資できるか、という考え方を知ってもらいたくて紹介しました。たとえば、親会社の格付けを調べてみるとか、日本にいながら海外口座のお金を日本に戻せることを確認しているとか、運用は余裕資金の1%までにとどめていることなどです。

初心者向きではないカンボジアの定期預金ですが、やってみたい方もいるかもしれません。そこで、口座の開き方を紹介しておきます。

筆者はカンボジアの現地の銀行の店舗まで実際に足を運んで口座を作りました。しかし、実はカンボジアには、日本にいながら郵送などで口座開設できるアクレダ銀行やABA銀行といった銀行もいくつかあります（金利が6%前後でちょっと下がってしまいます）。これらの銀行であれば、ネットで「カンボジア　銀行口座開設　代行」と調べれば何社か口座開設をサポートしてくれる日本の銀行口座開設サポート会社が見つかります。自力で作るのは難しいため、もし口座を作りたい人がいたらこのような口座開設をサポートしている会社へ依頼することになります。

金利7・5%のSBI　LY　HOUR銀行は現地へ行く必要がありますが、こちらも「カンボジア　銀行口座開設　代行」と調べれば銀行口座の開設を手伝ってくれる会社を見つけることができます。

そして！　まさにこの原稿を書いているタイミングで、SBI　LY　HOUR

BANKから残念なお知らせが届きました。なんと7・5％だった金利が6・5％にダウンします、という案内です。6・5％でも魅力的な金利ではありますが、このように金利は常に動いています。

私はカンボジアの他、ハワイとインドネシアでも銀行口座を開いて定期預金をしています。ドルやルピアといった円以外のお金が預金してあり、勝手に利息でお金が増えていくため、最近では円安があまり気にならなくなりました。円安になればドル定期預金の価値がアップしていくので、むしろ嬉しかったりします。円安で損する金額のほうが大きいですが、まったくドルを持っていなかったときと比べると気持ちが軽くなっています。

皆さんは海外口座まで作る必要はないですが、ドル定期預金を持つことで、円安のニュースがなんだか嬉しくなる日がきっと来るでしょう。

第4章

金利5.4%
貯蓄型生命保険で
お金を増やそう

1 ほぼ定期預金のような生命保険がある!?

生命保険というと、万が一の事故や病気に備えて保険料を払うものと思っている方がほとんどだと思います（筆者もずっとそう思っていました）。しかし、最近はお金が増える、まるで定期預金のような生命保険が増えてきています。

しかも生命保険は、受け取った満期保険金と、払い込んだ保険料の差額が50万円を超えなければ税金はかかりません。

そこで、第4章では生命保険を利用してお金を増やす方法を解説していきます。

この章で紹介する生命保険は、もはや生命保険ではありません。ほぼ定期預金と考えてOKです。金利はなんと5・4％に相当します。

なぜ、生命保険でこのような高い金利が期待できるのか？　まずはその理由を見ていきましょう。

金利5・4%相当の生命保険

私が調べた中で一番お金が増える生命保険は、ドルでの投資になりますが、10年間で1・5倍まで増える商品でした。毎年4・5%ずつお金が複利で増えていく計算です。

さらに、**生命保険でお金が増えた場合、前述したように1年あたり利益50万円までは税金がかかりません**。保険料を100万円払い込み、満期に150万円受け取ったとすると利益は50万円。生命保険の満期保険金などで受け取るお金は「一時所得」となりますが、一時所得には50万円の特別控除があるため、この場合税金は0円になるのです。

この生命保険は毎年4・5%ずつ複利で増えていきますが、利益に税金がかかる定期預金に換算すると、金利5・4%相当に匹敵します。それを示したのが図4－1です。この生命保険と定期預金の最終的な手取りが同じになることが確認できます。

なお本章で紹介するドル建て生命保険の条件（金利や最低必要額など）は、2024年6月時点の情報です。また、保険を利用してお金を増やす場合、年齢によって条件が変わってきます。ですので、実際に利用するときは保険会社から最新の情報を入手して投資判断を行ってください。

金利4.5%の生命保険

元本	100万円	
1年後	105万円	←100×1.045
2年後	109万円	←105×1.045
3年後	114万円	·
4年後	119万円	·
5年後	125万円	·
6年後	130万円	·
7年後	136万円	·
8年後	142万円	·
9年後	149万円	·
10年後	155万円	←149×1.045
税金15%の場合*1	7,500円	
手取り	約154万円	

金利5.4%の定期預金（複利）

元本	100万円	
1年後	105万円	←100×1.054
2年後	111万円	←106×1.054
3年後	117万円	·
4年後	123万円	·
5年後	130万円	·
6年後	137万円	·
7年後	145万円	·
8年後	152万円	·
9年後	161万円	·
10年後	169万円	←161×1.054
税金20%	14万円	←（169－100）×0.2
手取り	155万円	

手取りが金利4.5%（利益50万円まで税金0）の生命保険とほぼ同じ

＊1　50万円を超えた5万円に対して、税率15%（収入により個人差あり）で計算

↑図4-1 金利4.5%の生命保険は金利5.4%に相当する

2 お金が増える「貯蓄型」と、お金が増えない「掛け捨て型」がある

生命保険にはいろいろな種類がありますが、大きく「掛け捨型」と「貯蓄型」の2つに分けられます。

「掛け捨て型」の生命保険は、安い保険料で万が一の事故や病気に備えることができるかわりに、事故や病気が発生しなかったときは1円も戻ってきません。「掛け捨て型」の生命保険には、がん保険や医療保険、収入保障保険などがあり、少額の掛け金で死亡や病気といったリスクに備えることができるため、万が一のときの保障目的で利用している人が多いです。

これに対して**「貯蓄型」の生命保険は、死亡やがんなどのリスクに備えた保障を得ながらお金を増やすことができる生命保険です。**たとえば、保険料100万円で期間10年の保険契約をし、10年間、病気やケガをせず過ごすことができた場合には最初に支払った100万円を150万円に増やして返してくれるような保険が「貯

蓄型」の生命保険になります。「掛け捨て型」の生命保険と違い、保険期間が終了したタイミングでお金が増えて戻ってくることから「貯蓄型」と呼ばれています。ただし、保険の契約者が死亡した場合の死亡保険金は他の保険に比べて少なくなります。万が一のときの保険金を減らすかわりに、お金が増えるように設計されているからです。

金利が上がり始めて、保険商品でお金を増やせる時代が来た

保険会社は、保険に加入した人達から保険金を預かり、国債や株などで運用してお金を増やし、増えたお金の中から保険金や満期返戻金を支払っています。加入者にお金を支払った残りが保険会社の儲け（利益）となります。

最近、日本やアメリカの国債の金利が上昇してきました。今までよりも日本国債やアメリカ国債などの運用でお金が増えるようになったため、「貯蓄型」の生命保険で満期（契約終了時）に戻ってくるお金の額も増えてきています。

どんな保険商品があるのか、具体的に見ていきましょう。図4－2は、筆者が大

手銀行の窓口やインターネットの保険一括見積サイトなどへ問い合わせをして入手した情報の一部です。

①は日本円で申し込む生命保険で、②③はドルで申し込む生命保険です。銀行預金に日本円の定期預金とドルの定期預金があるように、生命保険にも日本円で申し込む生命保険とドルで申し込む生命保険があります。

日本円で申し込む生命保険の中には、払った保険料に毎年約1％くらいの利息がついて増えていくものがありました。10年後に解約した場合、100万円で契約した保険金は約110万円に増えた状態で返金されます。

これに対してドルで申し込む生命保険は、毎年4・5％の利息がついて増えていきます。

		保険機能	10年後、どれだけ増える？	いくらから始められる？
①	某国内生命保険会社	死亡保障のみ	100万円→約113万円	100万円〜
②	某国内生命保険会社	死亡保障のみ	100万円→約150万円	100万円〜
③	某国内外資系保険会社	死亡保障のみ	100万円→約150万円	200万円〜

①は円建て。②③はドル建て。
10年後の為替レートは申込時と同じと仮定して計算。

↑図4-2 貯蓄型生命保険商品の例

100万円で保険契約をした場合、10年後に約150万円まで増えた状態で返金されます。ただし、ドル建ての保険となるため、ドル定期預金と同じように円高・円安の影響を受けます。

しかし、10年で1・5倍に増えるため、仮に現在より30％程度円高になっても元本割れする恐れはありません。ですから、お金を守りながら増やすための投資対象として考えることができる金融商品の1つになります。

3 貯蓄型生命保険のシミュレーション

ここでは実際に貯蓄型の生命保険を始めるにあたって知っておくべきことをお話ししていきます。

図4－3は、100万円（1ドル＝150円とする）を6320ドルへ両替し、6320ドルで保険期間10年の貯蓄型生命保険を契約する場合の、死亡保険金や解約返戻金（途中解約した場合に戻ってくるお金）の一覧です。

①の死亡保険金の列は、保険を契約した1年後～10年後までの間に死亡した場合、受け取ることができる保険金の金額を表しています。②の解約返戻金は、保険を契約した1年後～10年後に保険を解約した場合、いくらの解約金を受け取れるかを表しています。

この表で一番注目していただきたいのは、③の「10年後」です。死亡保険金と解約返戻金の金額が一致していますが、10年後には9810ドルを受け取れることになっています。最初にドルに両替した6320ドルの元本が、10年間満期までそのままにしておけば1・55倍になり、9810ドルまで増えるのです。

次にこの表で注目したいのは、①の死亡保険金の列です。死亡保険金は毎年約4・5%ずつ増えています。たとえば契約5年目に死亡してしまった場合、7875ドルを受け取れます。

また、②の解約返戻金の項を見ると、3年目以降は自分の都合で保険を途中解約しても、解約返戻金が元本より減らないことがわかります。

このように、**生命保険ではありますが、満期まで持てば元本に対して1・**

単位：ドル

	① 死亡保険金	② 解約返戻金	元本からの 増減	増減率
1年後	6,600	5,950	－370	－5.9%
2年後	6,900	6,295	－25	－0.4%
3年後	7,210	6,655	335	5.3%
4年後	7,535	7,040	720	11.4%
5年後	7,875	7,440	1,120	17.7%
6年後	8,225	7,865	1,545	24.4%
7年後	8,595	8,315	1,995	31.6%
8年後	8,985	8,790	2,470	39.1%
9年後	9,390	9,285	2,965	46.9%
③10年後	9,810	9,810	3,490	55.2%

↑図4-3 貯蓄型生命保険のシミュレーション

57倍まで増えるという、本当に定期預金のような保険です。定期預金と違い、1年目で解約すると元本割れしたり、途中で解約すると4・5%の金利より減ったりするという違いはありますが、いつ、いくらもらえるかが約束された状態でお金を増やすことができる、安全な投資先の1つと考えることができます。

ドル建て生命保険の利率を見るときの注意点

今回取り上げたドル建ての貯蓄型生命保険は、毎年4・5%ずつ死亡保険金が増えていきました。この表を作る際に参考にした生命保険会社の資料には、積立利率4・5%と紹介されていました。

ただし、生命保険の積立利率4・5%が意味するお金の増え方は、定期預金や国債の金利4・5%とは意味が違うため、注意が必要です。実際に毎年の利息や税金、最終的な手取りを比較してみましょう（図4－4）。なお、計算が複雑になるため、毎年の利息をさらに投資して増やす計算は省略しています。また、生命保険の税金は個人の収入によって変化します（詳しくは第4章8節で解説します）。

最終的な手取り額に約20万円も差がつく原因は「税金」です。

定期預金や国債は毎年利息を受け取り、その都度利息にかかる税金を払います（利息から税金が差し引かれます）。対して生命保険は毎年税金を払う必要がなく、4・5%ずつお金が増えていきます。また、生命保険は利益50万円まで税金がかかりません。この2

単位：円

	定期預金・アメリカ国債			生命保険	
	元本	利息	税金	元本	税金
開始時	1,000,000		0	1,000,000	0
1年目	1,000,000	45,000	9,000	1,045,000	0
2年目	1,000,000	45,000	9,000	1,092,025	0
3年目	1,000,000	45,000	9,000	1,141,166	0
4年目	1,000,000	45,000	9,000	1,192,519	0
5年目	1,000,000	45,000	9,000	1,246,182	0
6年目	1,000,000	45,000	9,000	1,302,260	0
7年目	1,000,000	45,000	9,000	1,360,862	0
8年目	1,000,000	45,000	9,000	1,422,101	0
9年目	1,000,000	45,000	9,000	1,486,095	0
10年目	1,000,000	45,000	9,000	1,552,969	5,297

定期預金・国債のリターン		生命保険のリターン	
利息合計	450,000	利息合計	552,969
税金合計	90,000	税金合計	5,297
手取り利息相当額	360,000	手取り利息相当額	547,672

＼20万円近くの差がつく！／

↑図4-4 定期預金・アメリカ国債と生命保険の比較

点の違いによって、最終的に約20万円もの手取り額の差がついてしまいます。

このように、たとえ同じ金利4・5%でもお金の増え方がまったく違ってくることがあるため、最終的な手取り額がどうなるのかを考えて投資先を比較するようにしましょう。同じ金利4・5%だったら、どちらでもいいか！　と判断してしまうと損します。

4 貯蓄型ドル建て生命保険の注意点

ドル建てで生命保険を契約するとき、保険会社へは日本円で支払います。そして、保険会社が預かった保険料（円）をドルに交換して運用を始めます。このとき、為替手数料（円をドルへ替える手数料）が発生します。

今回、本書執筆のために資料を入手したドル建て生命保険の場合、為替手数料は1ドルあたり50銭でした。たとえば、100万円で生命保険を始める場合の為替手数料は、1ドル160円だった場合、100万円÷160円／ドル×50銭＝3・125円の手数料となります。

保険の満期が来ると、増えたお金は円で受け取ることもドルで受け取ることもできます。円で受け取る場合には、また為替手数料が必要になります。

100万円で契約をし、9810ドル（150万円）にお金が増えたとしましょう（為替レートは一定とします）。すると9810ドル×50銭＝4905円の為替手数料が必要になります。**ドル定期預金を始めるときは、このように為替手数料が発生することを覚えておいてください。**

為替手数料は気にしなくていい！

100万円で生命保険を始めると、将来日本円に戻すことまで考えると約8000円の手数料がかかってしまいます。10年預けておけば、約50万円お金が増えはしますが、手数料が気になる人もいるかもしれません。

しかし、他の定期預金や国債への投資にはない、生命保険だけの大きなメリットが1つありました。それは、1年あたりの生命保険の利益が50万円までは税金が1円もかからないことです。

たとえば、ドル定期預金で50万円の利息を受け取った場合、約20%、約10万円の税金を払います。しかし、生命保険の場合はこの約10万円の税金が0円です。ちなみに為替手数料は約8000円です。このように税金が優遇されていることを考えれば、生命保険の為替手数料は無視してもOKと言えるでしょう。気にせず投資しましょう。

5 貯蓄型生命保険にもいろいろな種類がある

生命保険は大きく「貯蓄型」と「掛け捨て型」の2つに分けられるとお話ししましたが、中にはその中間のような、お金も増えつつ、死亡時の保障も得られる生命保険もあります。そこで、ここではそれぞれの生命保険を比べてみます。

①お金は増えないが、安く死亡保障を求める場合

月額は年齢によっても変わりますが、現在40歳で死亡時に1000万円の保険金を受け取ることができる生命保険の契約条件を見てみます。

- 月額保険料1823円、期間10年
  10年間で総額21万8760円を支払うが、10年後は1円も戻らない。
  ただし、保険期間10年以内に死亡すると1000万円受け取れる。

このように掛け捨ての生命保険は、万が一のときに1000万円は受け取れますが、お金は増えません。

次に、「貯蓄型」と「掛け捨て型」の中間のような生命保険を見てみましょう。

②お金を増やしつつ、死亡保障も求める場合

こちらは筆者が実際に加入していた生命保険の実例です。

毎年の保険料（年1回払い）は9836ドル（約147万円）で20年間払い続けます。すると、保険期間中、死亡した場合に受け取れる保険金は6000万円です。このため、1年目で仮に死亡してしまった場合は147万円の保険料を1年分だけ払った状態で、死亡保険金が6000万円受け取れることになります。

仮に途中で解約した場合は解約返戻金もあります。生命保険を契約して20年後には払った金額に対して3%増えています。40年後には1・5倍にまで増えます。

しかし、もしものときの死亡保険金が、払い込んだ金額よりも多くもらえるため、お金の増え方は死亡保障を極限まで減らしてお金を増やすことに特化した保険よりは増えません。

死亡保険を極限まで減らした保険…10年で1・5倍
筆者が加入していた保険…40年で1・5倍

なお、これと同じ保険に今入ろうと思うと、図4－5よりはお金が増えます。私がこの保険に加入したときは2016年の夏頃だったと記憶しています。当時のアメリカの金利は今よりも低く、10年国債で金利が2％くらいでした。今は4％と金利が2倍も違っているため、同じ保険を契約してももっとお金が増えます。

③お金を増やしつつ、死亡保障も求める場合（お金に余裕がある場合）

次も、②と同じく死亡保障も求めつつお金が増えるタイプの生命保険ですが、資金に余裕がある場合についてお話しします。

生命保険料の支払い方を、毎月や毎年ではなく、一括で払うことで②の生命保険よりも魅力的な投資先となります。この保険は、払った保険料に対して2年目以降お金が増えていきます。そして15年間は金利を4・2％相当で保証してくれます

経過年数		A.死亡保険金額・高度障害保険金額	B.払込保険料累計	C.解約返戻金額	D.解約返戻率 C÷B
年	歳	米ドル	米ドル	米ドル	%
1	37	400,000.00	9,836.80	0.00	0.0
2	38	400,000.00	19,673.60	7,240.00	36.8
3	39	400,000.00	29,510.40	16,440.00	55.7
4	40	400,000.00	39,347.20	25,880.00	65.7
5	41	400,000.00	49,184.00	35,560.00	72.2
6	42	400,000.00	59,020.80	45,480.00	77.0
7	43	400,000.00	68,857.60	55,640.00	80.8
8	44	400,000.00	78,694.40	66,080.00	83.9
9	45	400,000.00	88,531.20	76,720.00	86.6
10	46	400,000.00	98,368.00	87,640.00	89.0
11	47	400,000.00	108,204.80	97,800.00	90.3
12	48	400,000.00	118,041.60	108,240.00	91.6
13	49	400,000.00	127,878.40	118,960.00	93.0
14	50	400,000.00	137,715.20	129,960.00	94.3
15	51	400,000.00	147,552.00	141,280.00	95.7
16	52	400,000.00	157,388.80	152,880.00	97.1
17	53	400,000.00	167,225.60	164,840.00	98.5
18	54	400,000.00	177,062.40	177,120.00	100.0
19	55	400,000.00	186,899.20	189,800.00	101.5
20	56	400,000.00	196,736.00	202,840.00	103.1
21	57	400,000.00	196,736.00	207,360.00	105.4
22	58	400,000.00	196,736.00	212,000.00	107.7
23	59	400,000.00	196,736.00	216,680.00	110.1
24	60	400,000.00	196,736.00	221,480.00	112.5
25	61	400,000.00	196,736.00	226,320.00	115.0
26	62	400,000.00	196,736.00	231,280.00	117.5
27	63	400,000.00	196,736.00	236,240.00	120.0
34	70	400,000.00	196,736.00	271,800.00	138.1
35	71	400,000.00	196,736.00	276,880.00	140.7
36	72	400,000.00	196,736.00	281,960.00	143.3
37	73	400,000.00	196,736.00	287,040.00	145.9
38	74	400,000.00	196,736.00	292,080.00	148.4
39	75	400,000.00	196,736.00	297,120.00	151.0
40	76	400,000.00	196,736.00	302,080.00	153.5

18年未満で解約すると元本より減ってしまう

18年払い続けると、払った額と同額が受け取れる

20年目まで払込保険料が増え続ける（毎年払い続ける）

21年目からは毎年2.5%ずつ増えていく

常に、払った金額よりは多い死亡保険金が受け取れる

⬆図4-5 お金を増やしつつ、死亡保障も求める場合の保険の例

（16年目以降保険を継続する場合は、そのときの金利で契約延長）。また、万が一死亡してしまった場合の保険金額も、最初の4年間はちょっと増える程度ですが、5年目以降は支払った保険料の約2倍の死亡保険金を受け取れます。

④死亡した場合の保障は最低限で、お金を増やしたい場合

これは4章3節で紹介した生命保険です。図4－3を見てください。

1年目に支払った保険料に対して1年目・2年目だけは解約返戻金のほうが少なくなりますが、3年目以降は解約

単：米ドル

経過年数		既払保険料（主契約のみ）	更改後の積立利率 年4.22%（例）	
			死亡保険金額	解約返戻金額
1	44歳	51,088.90	51,088.90	50,580.00
2	45歳	51,088.90	52,710.00	52,710.00
3	46歳	51,088.90	54,940.00	54,940.00
4	47歳	51,088.90	57,260.00	57,260.00
5	48歳	51,088.90	100,000.00	59,670.00
6	49歳	51,088.90	100,000.00	62,080.00
7	50歳	51,088.90	100,000.00	64,580.00
8	51歳	51,088.90	100,000.00	67,190.00
9	52歳	51,088.90	100,000.00	69,910.00
10	53歳	51,088.90	100,000.00	72,740.00

↑図4-6 一括払いの生命保険の例

返戻金のほうが多くなります（お金が増えている）。そして、解約返戻金と死亡保険金がほぼ同額です。これが死亡保障が最低限まで減らされていることを意味しています。保険としてのサービスを削ってお金を増やしていくことに特化しています。

生命保険機能を極限まで削った貯蓄型生命保険を選択しよう

このように、生命保険は「貯蓄型」か「掛け捨て型」かの違いだけでなく、さまざまなタイプがあります。「貯蓄型」の中でも保険料の支払い方法（月払い、年払い、一括払い）の違いでお金の増え方が変わったり、死亡保障の程度によってもお金の増え方が変わってきます。

また、２０１６年の金利は2％、現在の金利は４％と金利も変動しています。場合によっては金利2％の保険は解約して、金利４％の保険に乗り換えたほうがおトクなこともあります。

筆者は実際に2番目の実例で出した保険を解約しました。解約することでドルでは元本割れ（円ベースでは元本より増えていた）しましたが、別のより条件がいい投資先へ変更しました。万が一に備えて40万ドル（約6000万円）の死亡保障のために保険金を払っていましたが、住宅ローンを組むことになったため保険は解約したのです。

住宅ローンは、本人が死亡した場合、銀行からの借入金が0円になる団体信用生命保険という生命保険がセットでつけられています。住宅ローンを利用中で、知らなかった人は確認してみてください。ほぼ団体信用生命保険がついているはずです。ですので、別途生命保険に入っていなくても死亡した場合には何千万円かの保険金（住宅ローン残高と同額）を受け取り、借金が0になります。その結果、毎月の支払いは0円で持ち家に住めるようになります。家を売却すれば、まとまったお金も入ってきます。そこで、もう保険はいらないなと思い、解約してよりお金が増える投資先へ回しました。

このように、お金を増やす目的で生命保険を利用するのであれば、生命保険機能を極限まで削った「貯蓄型」の生命保険を選択し、定期預金のように使うことができます。お金を増やすことに特化した生命保険の探し方は、次の節で解説します。

6 自分でできる！お金が増えるタイプの生命保険の探し方

お金が増える「貯蓄型」生命保険を見つける方法は、定期預金や国債と比べてちょっとだけ難易度が高いです。なぜなら、ネットで調べてもどのくらいの金利の商品があるのか公開されていません。このため、保険会社へ直接問い合わせをして「貯蓄型」生命保険を探していることを伝え、**保険設計書**と呼ばれる資料を集める必要があります。保険設計書とは、毎年どのくらいお金が増えていくかが記載されている書類です（図4－5参照）。

日本には保険商品を作っている保険会社が41社もあるため、知識ゼロの状態で資料集めを始めると、どこに問い合わせすべきかもわからないと思います。そこで、具体的にオススメの保険会社や、どうやって希望を伝えたらよいかなど、保険の探し方を解説していきます。

保険会社から「貯蓄型」の保険設計書を手に入れる方法

まずは、どんな保険会社があるのか確認してみましょう。日本にある生命保険会社で保険料などの収入が大きい上位10社の一覧を図4－7に掲載しました。聞いたことがある名前の保険会社もあるかもしれません。「貯蓄型」の保険設計書を入手するのであれば、これらの会社から3～5社へ問い合わせをし、保険設計書を入手して比べてみることをオススメします。

個人的には、格付け的に一番倒産確率が低いメットライフ生命やソニー生

順位	社名	保険料等収入（百万円）	S&P格付け
1	日本生命	6,373,557	A+（2024/7/1）
2	明治安田生命	3,670,209	A+（2024/2/6）
3	メットライフ生命	2,873,462	AA－（2024/6/27）
4	住友生命	2,583,077	A+（2020/6/30）
5	第一生命	2,297,086	A+（2024/8/9）
6	かんぽ生命	2,200,945	A+（2022/8/30）
7	ジブラルタ生命	1,847,117	A+（2024/8/20）
8	ソニー生命	1,473,844	A+（2024/7/1）
9	プルデンシャル生命	1,433,013	A+（2024/2/27）
10	三井住友海上プライマリー生命	1,349,832	A+（2024/7/1）

「キャリタス就活」生命保険業界　保険料等収入ランキングより
https://job.career-tasu.jp/rankinglist/205/
S&P格付けは各社サイトより

↑図4-7 生命保険業界保険料等収入ランキング

命（PlayStationやaibo、テレビやカメラで有名なあのソニーの100％子会社）、プルデンシャル生命などから保険設計書を入手しています。面倒かもしれませんが、必ず3～5社から保険設計書を入手してみてください。銀行の金利が銀行によってバラバラだったように、保険も条件が保険会社によってバラバラです。各社のホームページから問い合わせをすれば、しつこく営業されることもありません。

保険会社へ伝えることとチェックポイント

保険会社に相談する際は、**「死亡保障は最低限でいいので、一番お金が貯まるタイプの保険を教えてください！」「円とドル、それぞれで知りたいです！」**と、この2点を必ず伝えましょう。

保険会社にはいろいろな商品があるため、お金が増えるタイプの保険のことが知りたいとしっかり伝えないと、違う商品を提案されてしまう可能性もあります。その後、保険会社から名前や性別、年齢などを聞かれますので答えていきましょう。

性別や年齢によって保険金額が変わってきたりするため正直に伝えましょう（図4－7で紹介した保険会社であれば個人情報を悪用するようなことはありません）。すると、だいたい次のような数値が掲載された資料を渡されます（図4－5はドルの保険設計書の例ですが、図4－8は円の保険設計書の例です）。これを見れば、何年でどのくらいお金が増えていくのか？　また、途中で解約するといくら受け取ることができるのか？　などを知ることができます。

保険設計書を希望すると、全部で10ページ以上になる資料を渡されることもあります。図4－8はその中からお金の増え方が乗っている箇所だけ抜粋しています。他には保険を契約する注意点やリスクなどいろいろなことが書かれています。

「貯蓄型」の生命保険の場合、この表を見てどのくらい増えるか？　もし解約するとどうなるか？　を確認すれば十分でしょう。お金を増やす目的であり、万が一の保障を求めていないため、筆者はこの2点のみをチェックして保険契約をするかどうか決めています。なお、保険を解約したくなったときは、保険会社に解約の連絡を入れると、1～2週間で解約返戻金を指定した銀行口座に払い込んでもらえます。

この他、いくらから保険を始めることができるのか？　を確認し、何社か情報を集めれば一番お金が増えるのはどこの保険会社か把握することができます。

お金を保険へ投資する先を選ぶまでをまとめると、次のようになります。

①保険会社へ何社か問い合わせをする

②保険設計書を入手し、（1）金利（どのくらいお金が増えるか）、（2）いくらから始められるか、（3）途中で解約した場合いくら返ってくるか、の3点をチェックする

③何社か比較し、条件が一番いい商品を選択する

この3ステップで、自分に合った保険会社と保険商品を探しましょう。

	解約返戻金（円）	率
1年目	1,000,000	100%
2年目	1,015,000	101.5%
3年目	1,030,225	103.0%
4年目	1,045,678	104.6%
5年目	1,061,364	106.1%
6年目	1,077,284	107.7%
7年目	1,093,443	109.3%
8年目	1,109,845	111.0%
9年目	1,126,493	112.6%
10年目	1,143,390	114.3%

↑図4-8 保険設計書（一部）

7 保険会社が倒産したときお金を守るには？

銀行が倒産すると、ペイオフにより1つの銀行あたり1000万円までは預金が保護されることが法律で決まっていますが、保険の場合はどうなっているのでしょうか。

保険会社が倒産した場合、その保険会社を吸収したいと思う保険会社があった場合は、倒産した保険会社が抱えている保険契約はすべて吸収する別の保険会社へ引き継がれるため、あなたの保険契約が0円になってしまうことはありません。

倒産した保険会社を吸収したいという保険会社が現れなかった場合は、生命保険契約者保護機構（保険業法に基づき作られた法人で、保険会社が倒産したときでもみんなの保険を守れるように作られた法人）があなたの保険を守ってくれます。

ただし、いずれの場合でも、保険の内容が改悪されてしまう可能性があります。100％保護されているわけではない、ということです。

実際に保険会社が倒産してしまった場合、どのくらい保護してもらえるかは現時点ではわからないため、そもそも倒産しない保険会社の保険商品を選ぶことが重要になってきます。

保険会社が倒産する可能性は？

保険会社が倒産する可能性をチェックするなら、保険会社の決算書を何年分も見て将来も倒産しないか予測する必要がありますが、私たち一般人にはほぼ不可能です。

しかし、保険会社の倒産可能性を簡単にチェックできる方法があります。それは、国債の解説でも登場した格付けです。図4－7に、国内の主要な保険会社の格付けを掲載しています。

日本の生命保険会社の保険料等収入で上位10社の中では、メットライフ生命が一番安全性が高いAAマイナスと格付けされています。

AAはAよりも安全という評価ですが、日本の有名企業で格付けAと評価されている会社には、トヨタ自動車、ＪＲ東海、三菱ＵＦＪ銀行、キヤノン、セブンイレブン・ジャパン、ソニーグループ、ブリジストン、三菱地所などがあります。まったく倒産の恐れのない、健全な会社ばかりだと思います。このような会社と同じランク以上に安全と評価されている会社がメットライフ生命です。

上位10社の保険会社であればすべてA評価がついているため、倒産リスクはあまり気にする必要はないでしょう。ちなみにA評価は、過去40年のデータをベースにしたとき、次の10年間で倒産する可能性は１００社に１社という水準です。

しかし念のため、保険の説明資料の中の解約返戻金をチェックしておきましょう。解約返戻金は、解約したいと申し出ればいつでもその額を返金しますと保険会社が約束してくれている金額になります。契約している保険会社が大赤字を出したり、倒産しそうなどというニュースが流れたときでも、解約返戻金が元本に対して十分な金額に設定されていれば、申し込みの際に倒産リスクを心配する必要性は下がります。

8 生命保険にかかる税金と節税の知識

この節では、生命保険にかかる税金の概要について解説します。生命保険の税金は、契約時の保険金額と、満期（もしくは解約時）に払い戻されるお金との差額が50万円までは税金が0円と非常に優遇されています。

では**利益が50万円を超える場合はどのくらい税金がかかるのかというと、最低で約7・5％、最大で約27・5％の税金がかかります。**ここでは、生命保険の税金の仕組みを解説していきます。

生命保険の税金の仕組み（利益が50万円を超える場合）

生命保険の税金は、最初に払った保険料と途中解約や満期のときに戻ってくる返戻金との差額（利益）に対して税金を払うことになります。次の計算式が、生命保険の利益のうち税金の対象となる金額を計算する式です。

生命保険の利益のうち税金の対象となる金額＝（生命保険の利益－50万円）×50％

たとえば、生命保険で得た利益が100万円だった場合、税金の対象となる金額は、（100万円－50万円）×50％＝25万円。

25万円に対して税金がかかることになります。

では、25万円に対していくらの税金を払うことになるのかというと、最低約15％から最大約55％の税金がかかります。利益ベースで考えると、仮に最大55％の税率であった場合でも次の計算式で計算されるため、利益に対する税率で考えれば最大約27・5％となります。

保険の利益に対する税金＝（利益－50万円）×50％×55％

では、どうやって税率が決まるのか、真面目に解説すると非常に難しい話になってしまうため、どのくらいの利益だといくらくらい税金を払うことになるのかを図4－9の表にしました。

この表で一番押さえて欲しいポイントは、仮に保険の利益が500万円出た場合でも、利益に対する税金は15%以下だということです。他の定期預金や国債の金利に比べたら生命保険の税金はこの程度です。

利益が200万円であれば、税金はほぼ10%程度です。生命保険の税金は他の投資対象よりも税金が安いんだ！　と覚えておいてもらえれば十分でしょう。

保険利益	年収			
	560万円		1,000万円	
	税金概算額	利益に対する負担率	税全概算額	利益に対する負担率
100万円	5万円	5%	8万円	8%
200万円	16万円	8%	23万円	11%
300万円	31万円	10%	39万円	13%
400万円	46万円	12%	55万円	14%
500万円	61万円	12%	72万円	14%
1,000万円	48万円	14%	172万円	17%
2,000万円	213万円	11%	387万円	19%
5,000万円	1,048万円	21%	1,120万円	22%

⬆図4-9 保険利益に対する税金の目安

ちょっとだけ税金の仕組みを解説

ここは読み飛ばしてもらってもＯＫです。

日本の個人が払わなければいけない税金は、税率が最低15％（所得税５％、住民税10％）からスタートし、年収が増えていくほど税金が高くなって最大で55％（所得税45％、住民税10％）の税金負担率となっています。そして、生命保険による収入（生命保険で得た利益）は、会社員としての年収と合算されて税金が計算されることになっています。

図４－９では、年収５６０万円と年収１０００万円の人に対して保険利益が１００万円～５０００万円まで増えていった場合の税金の額を計算しています。

生命保険の利益が同じ１００万円であっても、年収によって税金の負担額が変わってきます。これは年収１０００万円の人のほうが税金の負担率が高いからです。

実際には日本の所得税の税率は５～45％まで図４－10のように決められています。そしてこれと別に住民税が固定で10％かかってきます。

この表を詳しく解説すると長くなるため割愛しますが、税率のところを見てみてください。所得税の税率が5%～収入が増えるほど高くなり、最大45%まで段階的に上がっていくことがわかると思います。このため、生命保険の利益に対する税金を計算している図4－9でも、保険の利益が増えるほど税金の負担率が上昇していることがわかるかと思います。

このように、お給料に対する税率（所得税・住民税）は最低0%から最大約55%まで、稼いでいる人ほど税金が高くなります。

日本人の平均年収は男性560万円、女性280万円と言われています。平均年収560万円の男性だと、税金（所得税・住民税）はだいたい20%（家族構成などで税金が変わります）です。女性の場合、税金（所得税・住民税）はだいたい15%です。「え？　もっとごっそり税金引かれて

課税される所得金額	税率	控除額
1,000円から1,949,000円まで	5%	0円
1,950,000円から3,299,000円まで	10%	97,500円
3,300,000円から6,949,000円まで	20%	427,500円
6,950,000円から8,999,000円まで	23%	636,000円
9,000,000円から17,999,000円まで	33%	1,536,000円
18,000,000円から39,999,000円まで	40%	2,796,000円
40,000,000円以上	45%	4,796,000円

⬆図4-10 年収560万円の人と年収1000万円の人に対する保険利益の税金

るよ！」と思われるかもしれませんが、所得税・住民税の税率はこのくらいです。お給料からは所得税・住民税以外にも健康保険、年金、雇用保険などの保険料も引かれているため、この税率よりも多く感じてしまうのだと思います。

生命保険の税金を安くする方法

せっかく利息でお金が増えても、税金を払うと減ってしまいます。そこで、生命保険の税金を安くする小ネタを1つ、紹介します。

生命保険の利益は、何度も言っているように、1人あたり、1年あたり50万円までは税金が1円もかかりません。この優遇されているルールを最大限に活用していきましょう。

たとえば、ドル建て生命保険を200万円申し込み、金利が4.5％だったとしましょう。10年後、290万円を受け取ることができますので、利益は90万円。90万円－50万円＝40万円に対して税金がかかります。

この税金がかからないよう、ちょっと工夫をします。

200万円のドル建て生命保険を一度に始めるのではなく、1年に100万円ずつ2年に分けてスタートさせましょう。 すると10年後の利益がそれぞれ45万円となります。結果、1年あたりの利益が50万円以下となり、税金が0円となります。

2024年に100万円のドル生命保険をスタート
2025年に100万円のドル生命保険をスタート
2034年に145万円の満期返戻金を受け取り、税金は0円!
2035年に145万円の満期返戻金を受け取り、税金は0円!

200万円の投資に対する利益90万円が、税金0円で丸ごと受け取れるか、税金を6万円(20%の税金だった場合)払って84万円が手元に残るのか。**ちょっとした工夫で6万円の手取りの差がつきます**。

しかも、1年は暦年(1月~12月)でカウントされます。2024年12月31日に100万円分のドル生命保険をスタートさせ、2025年1月1日に別途100万円分のドル生命保険をスタートさせても、10年後の税金はなんと0円です! 1日ずらしただけでも、西暦で1年ずれていれば、別の年とカウントされ、税金が0円になってしまうのです。

このように100万円以上の生命保険への投資を検討していて、満期に50万円以上の利益が出そうな場合は、事例のように契約を分けることも考えてみてください。

また、たとえば4人家族だった場合、税金がかからない枠が1人あたり50万円となっているため、4人が保険を契約すれば、最大で1年あたり200万円まで保険に対する利益に税金がかからない状態を作ることができます。

また、子供が保険を契約する場合には、保険を契約するための資金を親から子に贈与して保険に加入する手があります。

親から子へお金を贈与する場合、年間110万円までは贈与税0円でお金を渡すことができます。ちゃんと子供にお金を渡すことを説明し、お金を受け取り保険契約することの合意をとって進めましょう。

9 定期預金、国債、生命保険、どれが一番おトク？

最後に、定期預金、国債、生命保険、3つの投資先の違いを押さえておきましょう。

1つ目の違いは、定期預金や国債は毎年（半年ごと）利息を受け取ることができますが、貯蓄型の生命保険は毎年利息を受け取ることができません。利息の分だけ毎年、解約返戻金が増えていきます。そして、満期になったときか途中解約する場合に一度に受け取ることになります。

2つ目の違いは、死亡したときの取り扱いが異なります。定期預金や国債は、金利など同条件で相続人へ引き継ぐことができます（解約することもできます）。これに対して生命保険は必ず解約となり、死亡保険金を受け取って保険契約は終了します。

3つ目は、貯蓄型の生命保険は、最低投資額が100万円〜と他の投資先に比べて資金的なハードルが高くなっています。ただし、それ以上のメリットはあるので、お金に余裕がある人は、ぜひ投資を検討してみてください。

金利だけで比較すれば ドル定期預金がおトク

では、これまで紹介してきた定期預金、国債、生命保険の中でどれに投資すると一番おトクなのか考えてみましょう（図４－11）。

金利だけで比較すれば、ドルの定期預金が一番金利が高くなっています（２０２４年６月調査時点）。調べるタイミングによって変化するため、金利は常にこの表のようになるわけではありませんが、傾向はだいたいいつも同じです。

また、税金まで考えると、生命保険の金利は１・

通貨	投資先	金利	期間	いくらから？	税金
円	普通預金	0.001％	自由	1円～	約20％
	定期預金	0.5％前後	主に1～5年	1円～	約20％
	国債	0.4％～0.8％	2年～10年	1万円～	約20％
	国債	2.015％	30年	5万円～	約20％
	生命保険	1％前後	10年	100万円～	約20％*
ドル	定期預金	3％～5％	1～5年	10ドル～	約20％
	国債	4.5％～4.8％	1年～30年	100ドル～	約20％
	生命保険	4.50％	10年	1,000ドル～	約20％*

*優遇措置あり、収入により税率は変わる

↑図4-11 普通預金・定期預金・国債・生命保険比較表

25倍することで他の投資先の金利に相当することを前節で紹介しました。このような点まで考えながら、投資先を考えてみましょう。

ドルと円へいくらずつお金を分けるか？

まず、**一番最初に決めることは、ドルと円へいくらずつお金を分けるか？ということです**。ドルのほうが金利が高いため、全額ドルにしてしまうとドルと円の価値の変動によって損する金額も大きくなってしまいます（逆に儲かる金額も大きくなります）。

たとえば余裕資金が１００万円の場合、まずはドルに慣れるためにも全体の10%、10万円をドルで投資してみてもいいと思います。小さい額でも始めてみることが大事です。

また、ドルと円が将来どうなるかを予想するのは投資初心者には不可能です。そんなときは、**円高、円安、どっちに転んでもいいように、ドルと円に資金を配分しておきましょう**。たとえば余裕資金が１００万円であれば、半分をドルでの投資にあててもいいでしょう。

10年、20年と長期でドルのまま投資することができるなら、ドルでの投資額が20年で2倍以上、30年で3倍以上に増える可能性もあります（金利4％台の割引国債を買うと実現します）。2倍まで増えていれば、ドルと円の価値が大きく動いても、投資額が元本以下になって損する可能性が低くなります。

第5章

金利4～5%世界の大企業にお金を貸そう

1 スターバックスやディズニーに金利5%でお金を貸す

普通預金や定期預金より高い金利で、かつ安全にお金を増やす方法には、誰でも知っている会社にお金を貸す方法があります。

たとえば、スターバックスコーヒーやウォルト・ディズニーといった有名な会社にもお金を貸すチャンスがあります。それに5%近い金利がつくこともあるのです。

この章では、会社にお金を貸して、お金を増やす方法を紹介します。

日本の会社なら金利1～2%、ドルで貸す場合は4～5%

まずはどんな会社にお金を貸すことができるのか、どのくらいの金利が期待できるのか見てみましょう。

今回は満期までの期間が2～5年くらいのものを載せています。お金を貸す期間はバラバラです。

図5－1のように、私たちにも馴染みのある、誰でも知っているような会社にお金を貸すことができます。

日本の会社へお金を貸す場合、金利は1～2%となっています。これに対して、ドルでお金を貸す場合は、金利が4～5%の間くらいになっています。日本の会社でも、トヨタ自動車や三井住友フィナンシャルグループにはドルでお金を貸すこともできます。

円で貸せる会社	金利
九州電力	0.97%
みずほフィナンシャルグループ	1.32%
ソフトバンクグループ	2.03%

ドルで貸せる会社	金利
スターバックスコーヒー	4.84%
トヨタ自動車	4.70%
ウォルト・ディズニー	4.46%
ザ・コカ・コーラ・カンパニー	4.37%
三井住友フィナンシャルグループ	4.74%
アップル	4.22%

図5-1　お金を貸せる企業の例

2 企業にお金を貸すリスクと注意点

「会社にお金を貸す」とは、会社が事業資金を調達するために発行する債券（社債）を買うことです。社債は証券会社で購入することができます。

社債も国債と同様、会社が私たちにお金を借りている期間は決まった利息が支払われ、満期がきたら元本が返されます。しかし、もし会社が倒産すると、貸したお金はほぼ戻ってこなくなります。

格付けの意味と、お金を貸しても大丈夫か判断する基準

会社にお金を貸そうとするときは、証券会社から提供される情報を基に、社債を買うかどうか判断することになります。

会社にお金を貸すときの条件の中で一番チェックしたいのは、「格付け」です。

格付けは、第3章でも出てきました。債券の発行主体の安全性を評価した指標です。

図5－2はS&P社の格付けの例です。**会社がお金をちゃんと返してくれるかどうかといった安全性を10段階で評価しています。**

AAAが最も安全な会社で、AA、A、BBBまでが投資先として安全な会社と評価されています。

BB、Bは景気が悪くなると利払いや元本返済できなくなる可能性がある会社、CCCはBBやBよりも返済が景気に依存している会社、CC、Cは現時点で利息の支払い遅延や元本が返済されない可能性がある会社、Dはすでに利息の支払いや元本返済がストップしている会社と格付けされています。

図5-2 S&P社格付けの例

3 格付けが悪いときのリスクを減らす投資の考え方

格付け会社の1つであるS&P社が、1981年から2023年にかけて格付けした会社が10年後に倒産した割合を公表しています。格付けランク別に、10年後までに利息や元本を返済できなかった会社の割合は次のとおりです。

・AAA……100社中0.68社
・AA……100社中0.73社
・A……100社中1.22社
・BBB……100社中3.39社

元本が返ってこない可能性がゼロではないため、特にBBB格付けの会社には不安を感じるかもしれません。そんなとき、不安を減らす投資の考え方を紹介します。

お金を貸す会社を分散するとリスクが減る！

たとえば、格付けBBBの会社へお金を貸そうと思った場合。100社へ10年間お金を貸すと3社が元本を返済してくれない可能性があります。その場合、**貸す相手を分散することでリスクを減らすという考え方があります。**

100万円を1万円ずつ、利息5％で100社へ貸したとします。

97社からはちゃんと利息と元本を受け取れます。10年間で1万円×5％×10年×97社＝48万5000円の利息が利益となります。

残り3社は倒産してしまい、利息も元本も0になったとすると3万円の損失です。

このときの収支は次のようになります。

- 元本　100万円→97万円（▲3万円）
- 利息　48万5000円
- 差し引き　145万5000円（△45万5000円）

このように100社に1万円ずつお金を貸せば、100社の中に倒産する会社があっても、それ以上に利息でお金を増やすことができます。このような考え方を**分散投資**といいます。

お金を貸す期間を短くすればリスクが減る！

リスクを減らすためのもう1つの考え方として、お金を貸す期間を短くするというやり方があります。10年後だと倒産確率が上がってしまいますが、お金を貸す期間を半分の5年にすれば倒産確率は下がります。

期間が短くなる分、金利は下がりますが、利息と元本を受け取れる可能性は高くなります。

このように、会社にお金を貸すときは多くの会社へ少しずつ貸したり、貸す期間を短くすることで元本が返ってこなくなるリスクを減らすようにします。

ただし、現実には今回紹介しているような会社にお金を貸すときは最低金額が2000ドル（約32万円）となるため、100社に分散投資することは現実的ではありません。できるかぎり何社かに分けることで倒産リスクを減らすことを意識するとよいでしょう。もしくは、より格付けが高いＡＡ格付けの会社にお金を貸すことを考えていきます。

ドルで社債を買うときの注意

もう一点、図5－1の「お金を貸せる企業の例」表で見たように、金利4〜5％が期待できる会社へは、ドルでお金を貸すことになります。ですので、アメリカ国債やドル定期預金と同じように、円とドルの価値が変わることによって儲かったり損する可能性があります。

また、満期まで保有せず途中で売却すると、アメリカ国債と同じようにそのときの金利が買ったときよりも高くなっていた場合、元本が多少減る可能性もあります。

このため、**社債も基本的には満期まで持ち、会社にお金を貸し続けることができる余裕資金で投資しましょう**。

4 社債の情報の調べ方、社債の買い方

自分でどんな会社へどのような条件でお金を貸すことができるか調べたいときは、楽天証券やSBI証券、マネックス証券といったネットやスマホで簡単に取引ができる証券会社がオススメです。取り扱いのある有名企業の数も多いです。

また、「外債　取り扱い　証券会社」とネット検索すれば、他にも外貨建社債を扱っている証券会社を探すことができます。

社債を発行している会社情報は、証券会社によって差があります。まったく扱っていない証券会社もあります。先ほど紹介した3つの証券会社であれば、本書で紹介している会社の社債もよく扱われています。

主にA以上の格付けの社債を中心に、5社の社債の金利と残存期間を図5－3にまとめました。ほぼ誰でも知っている会社ばかりかと思いますが、実はこれらの会社は我々のような一般人からもお金を借りています。5％前後の金利でお金を貸

せる会社も、この表にあるインテル、フィリップ・モリス・インターナショナル以外にも何社かあります。

発行体	利回り（税引前・複利）／残存期間
インテル	4.87%／約1.7年
	4.60%／約3.7年
	4.66%／約5.7年
	4.79%／約8.7年
	5.27%／約18.7年
	5.39%／約28.7年
メタ・プラットフォームズ	4.32%／約3.9年
	4.39%／約5.9年
	4.47%／約8.9年
	5.04%／約28.9年
	5.15%／約38.9年
フィリップ・モリス・インターナショナル	4.64%／約4.2年
	4.84%／約6.2年
	5.05%／約9.2年
三井住友フィナンシャルグループ	4.77%／約4.3年
	4.84%／約5.3年
	4.90%／約6.3年
	4.84%／約9.3年
	4.88%／約17.3年
ファイザー	4.46%／約7.2年

通貨はすべて米ドル

↑図5-3 有名で金利も高い会社の例

社債を買うお金はどうやって払う？

社債を買うときは、社債を買う前に証券会社の自分の口座へ銀行からお金を送金しておく必要があります。証券会社へお金を送る際は、主要銀行のネットバンキングを利用できる人であれば、証券会社の管理画面から銀行へ送金依頼をかけてリアルタイムで即時に入金することができます。

ネットバンキングを利用し

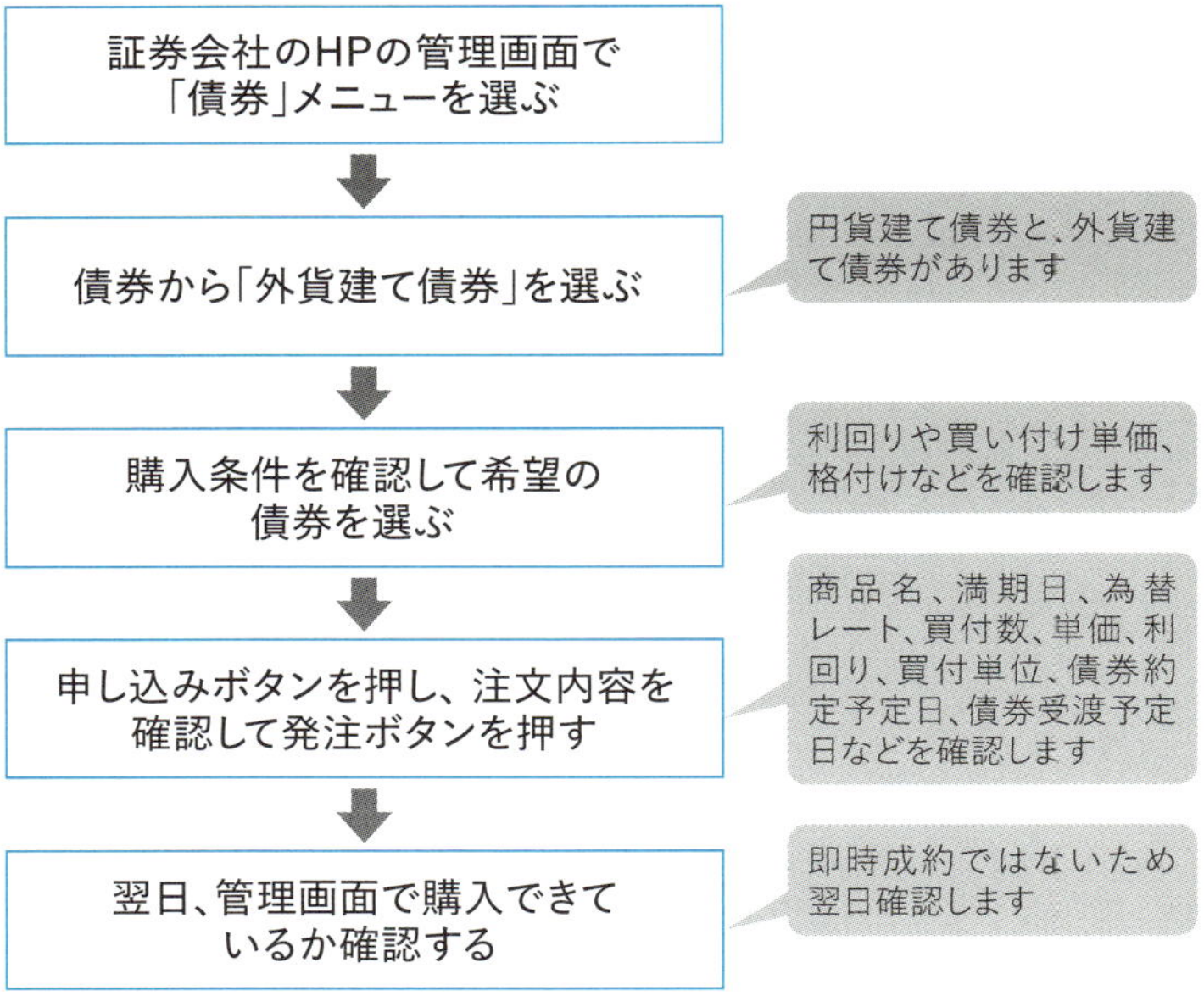

証券会社のHPの管理画面で「債券」メニューを選ぶ
債券から「外貨建て債券」を選ぶ
円貨建て債券と、外貨建て債券があります
購入条件を確認して希望の債券を選ぶ
利回りや買い付け単価、格付けなどを確認します
申し込みボタンを押し、注文内容を確認して発注ボタンを押す
商品名、満期日、為替レート、買付数、単価、利回り、買付単位、債券約定予定日、債券受渡予定日などを確認します
翌日、管理画面で購入できているか確認する
即時成約ではないため翌日確認します

図5-4 ネット証券で社債を購入する手順

ていない場合は、銀行口座から証券会社の口座へ、銀行のATMや窓口から振り込みます。その際、証券会社があなた専用の送金用銀行口座を準備してくれています。証券会社から案内される専用の銀行口座へ送金しましょう。遅くても翌営業日には、送金が証券会社の口座に反映されます。

証券会社へ送金が完了した後、社債を購入する注文をすると、注文が成立した際、自動で証券会社の口座から社債購入金額が引き落とされます。事前に証券会社にお金を入れておくことで、社債を購入することができます。送金しておかないと、そもそも社債を買う注文ができません。買いたい（投資したい）社債が見つかったら、まずは必要なお金を証券会社へ送金しましょう。

お金を貸すときの利回りの意味

社債の申込画面で、買おうとする社債の商品概要を確認すると、「利率」と「利回り」という言葉が出てきます。この2つはどう違うのでしょう？

利率と利回りの違いは国債のときにもお話ししましたが、復習も兼ねて今一度解説していきます。

図5－5はとある社債の商品概要です。記載事項に「利率1・339％」「利回り4・703％」と2つの数字があります。この違いについてお話しします。

利率1・339％というのは、額面金額に対して毎年受け取ることができる利息の割合です。

利回りとは、投資した元本に対する収益の割合です。

この社債は2000ドルから購入できるのですが、実際には2000ドル×単価94・35％＝1887ドルで買うことができます。2000ドルのものを113ドル安く購入できるというのが単価94・35％の意味です。

この社債は1・8年後に満期を迎え、そのときは2000ドルが戻ってきます。1・8年で差額113ドルがもらえるので、1年あたりにすると約63ドルで

利率	年1.339％（税引前）
利回り	4.703％
単価	94.35％
利払日	毎年3/25、9/25
償還日	2026/3/25
残存年数	約1.8年
発行体格付け	A+（S&P）／A1（Moody's）

↑図5-5 社債の商品概要

す。これと別に利息が1年あたり2000ドル×1・339%（利率）＝約27ドルもらえます。1年あたり63ドル＋27ドル＝90ドルを収益として、1887ドルの投資に対して受け取ることができます。

収益90ドルを元本1887ドルで割ったものが利回りです。90÷1887＝約4・7%です。

社債などの債券投資を考えるときは、利率ではなく利回りのほうを投資の判断規準として利用しましょう。

利用していた証券会社が倒産したらどうなる？

証券会社が投資家から預かっている社債や株や現金は、もし証券会社が倒産した場合も100%保護されます。証券会社には、証券会社自身の資産と投資家の資産を区分して管理することが法律で義務づけられています。証券会社は、注文が成立した私たちの社債や株を預かっているだけで、私たちが購入した社債や株を勝手に売買することはできません。これを「**顧客資産の分別管理**」といいます。このため、仮に証券会社が倒産しても、私たちが預けている社債や株は100％守られます。

また、もし何らかの事情により証券会社で分別管理がされておらず、私たちが購入した社債や株がなくなってしまった場合でも、**日本投資者保護基金から1顧客当たり1000万円を限度として補償されます**。

つまり、投資家の資産は、分別管理と日本投資者保護基金による補償の、二重の制度によって保護されています。このため、証券会社選びは安全性ではなく、利便性（扱っている商品の多さ、手数料の安さなど）で選べばＯＫです。

5 会社にお金を貸したとき、利息の税金はどうなる？

会社にお金を貸して得られる利益（利息など）に対する税金は、利益に20・315%をかけた金額が支払うべき税金となります。ここでは税金の手続きについて解説します。

海外社債を買った場合、2つの利益に対して税金がかかります。1つは半年ごとに受け取る利息に対して。もう1つは、購入したときの金額と満期で受け取る社債元本額との差額（**償還差益**といいます）です。

たとえば第5章4節で例に出した社債の償還差益は、1887ドル（買うときに払った額＝2000ドル×94・35%）と2000ドル（満期に受け取ることができる社債の元本）の差額です。

利息に対する税金も償還差益に対する税金も、率はどちらも同じで、儲かった額に対して20・315%（所得税15%、住民税5%、復興特別所得税0・315%の合計）が税金として支払うべき金額になります。

税金はどうやって払うの？　一般口座と特定口座の違い

税金の払い方は3通りあります。

①証券会社に税金を計算してもらい、税務署への支払いもあなたに代わって代行してもらう方法（自分では何もしなくていい）
②計算までは証券会社にしてもらい、税金の支払いは自分でする方法
③自分で税金を計算して支払う方法

どのパターンで税金を払うかは、自由に選ぶことができます。それぞれの税金の計算・支払い方法のメリット、デメリットを解説します。

まず、証券会社に税金を計算してもらうか、自分で計算するかの違いから解説します。

証券会社で投資を始めるために口座を新規で作るとき、特定口座を利用するか、一般口座を利用するか、選択する必要があります。特定口座を利用すれば、証券会社が毎年、1〜12月の投資の結果をまとめた年間取引報告書を作成してくれます。

この年間取引報告書を見れば、自分が何に投資しどれだけ儲かったか（損したか）が簡単に把握できます。利益の額まで計算してくれているため、自分で計算する手間もなく、とても楽ちんです。

一般口座を選択すると、自分で1年間の投資の結果得られた利益を計算し、税務署へ確定申告をする必要があります。一般口座を利用するメリットは特にないため、これから証券口座を開設する人は特定口座を選択しましょう。

特定口座も一般口座も株や国債、社債の売買に関する機能は100％同じで、どちらで取引をしたほうが得をする、ということはありません。**投資初心者の方であれば、1年間の利益の計算は非常に煩雑なため、特定口座がオススメです。**

税金の支払いを代行してもらう？　自分で支払う？

特定口座には「源泉徴収あり」と「源泉徴収なし」の2種類があります。**特定口座で「源泉徴収あり」を選択（証券口座を作るときに選択します）しておけば、税金の支払いまで証券会社が代行してくれます。**

これに対して、特定口座で「源泉徴収なし」を選ぶと税金の対象となる利益の計算まではしてもらえますが、税金の支払いは自分ですることになります。

源泉徴収あり・なしの違いは、税金の支払いを代行してもらうかどうかの違いです。源泉徴収とは、会社のお給料が社会保険や所得税、住民税が引かれた状態で入金されるのと同じで、利息を受け取るときに所得税、住民税が引かれた状態で入金されることを差します。また、差し引かれた税金は、証券会社が私たちにかわって税務署や市役所へ納税してくれます。

源泉徴収あり・なし、のメリット・デメリット

「源泉徴収あり」を選択しておけば、税金の計算も納税も自分でする必要がないため、忙しい会社員の方には「源泉徴収あり」の特定口座がオススメです。

ただ、「源泉徴収なし」の特定口座にもメリットはあります。それは、給料を1社からのみ得ている会社員で、年間給与が2000万円以下の場合、投資で得た源泉徴収以前の利益が年間20万円未満であれば、所得税・復興特別所得税を払う必要がないということです。

たとえば年収600万円で源泉徴収されていない利益が19万円だった場合、利益にかかる税金は、所得税が多くて約4万円、住民税が約2万円程度となりますが、この約4万円の所得税を支払わなくてもよくなり、税務署への確定申告も不要とされています。これが特定口座で「源泉徴収なし」を選択するメリットです。

ただし、住民税の確定申告は必要になるため、市役所で納税の手続きをする必要があります。恐らく、この手続きのために1日くらい時間が潰れる可能性もあります。税金の申告・納税ははじめてやるにはとても煩雑なため、特定口座の「源泉徴

収あり」を選択しておくことをオススメします。

特定口座で「源泉徴収なし」や、一般口座を選択した場合の税金の対象

社債を購入すると、毎年利息がもらえます。利息に対する税金は源泉徴収された後の金額があなたの証券口座に入金されるため、税金は支払い済みです。よって、特定口座でも一般口座でも税金の手続きは一切不要です。

社債を購入し、利息以外の利益が出る場合が2パターンあります。このとき、特定口座で「源泉徴収なし」にした場合や一般口座を選択している人は、確定申告が必要になり、税金を自分で払う必要があります。

なお、先述した通り、**給料を1社からのみ得ている会社員で、年間給与が2000万円以下の場合、利益が年間20万円以下なら確定申告は不要です。**

税金の支払い（確定申告）を簡単に終わらせる方法

特定口座で「源泉徴収あり」を選択せず、初めて税金の計算や確定申告をすることになった場合でも、簡単に確定申告を終わらせる方法を紹介します。

毎年、確定申告の時期になると全国の税務署が確定申告会場を設営します。「確定申告会場　○○市」と検索すれば、自宅の最寄りの会場を見つけることができます。

特定口座で「源泉徴収なし」を選択した場合は、年間取引報告書を証券会社が作ってくれて利益がすでに計算されています。この年間取引報告書を持って確定申告会場へ行き、係員に確定申告書の書き方を教えてもらいましょう。一般口座を選択している場合は、自分で利益までは計算した上で確定申告会場へ行き、やはり係員に確定申告書の書き方を教えてもらいましょう。ゼロから自分で勉強しなくても、税金のプロ（税務署の職員の方や税理士が会場で教えてくれます）が無料で対応してくれます。悩むより会場へ行ったほうが楽ちんです。

社債を購入し、損が出てしまったときの税金

社債を購入して損をすることもあります。損をしてしまった場合、税金は払う必要がないため、税金の手続きは不要です。

しかし、損をしたときの救済措置として**3年間の損失繰越控除**という制度があります。これは、損した額を税務署へ確定申告しておくことで、翌年以降3年の間に利益が出た場合、その利益の額から過去の損失を減額することができる、という制度です。

将来の税金を減らす効果があるため、もし損が出てしまった場合は確定申告をして損失繰越控除を受けられるようにしておきましょう。

6 定期預金、国債、生命保険、社債、一番おトクな投資先は？

本書ではここまで、銀行にただ預けておくよりは有利で、かつリスクの少ない投資先や投資手法を紹介してきました。ここでこれまでに紹介した投資先を一度に比較してみて、何が一番投資先として優れているのか見ていきましょう。円で投資する場合と、ドルで投資する場合のそれぞれで比較します（図5－6）。

円で投資するなら何がオススメ？

期間3年であれば東京スター銀行の定期預金、5年であればＳＢＪ銀行の定期預金、10年であれば新窓販国債、20年・30年の場合個人向け日本国債が、元本保証（国債は満期まで保有が条件）もされており、それぞれ同じ期間の他の投資先と比べて金利が高くなっています。

◆運用期間3年程度

		金利	期間
	個人向け国債	0.40%	3年
◎	定期預金：東京スター銀行	0.45%	3年
○	社債：日本ハム	0.50%	3.2年

◆運用期間5年程度

		金利	期間	備考
	個人向け国債	0.590%	5年	
	札幌市債	0.068%	5年	
◎	定期預金：SBJ銀行	0.700%	5年	100万円〜
○	社債：三菱HCキャピタル	0.78%	5.4年	格付け：A－

◆運用期間10年程度

		金利	期間	備考
◎	新窓販国債	1%	10年	
	神奈川県債	1.08%	10年	入手しづらい
	定期預金：三菱UFJ銀行	0.30%	10年	
	円仕組定期預金：○○銀行	1.10%	10年	
○	社債：北陸電力	1.27%	8.9年	格付け：AA（日本格付研究所の評価）

◆運用期間20〜30年程度

		金利	期間	備考
◎	中古の国債	1.69%	19.7年	長期は国債しかない
◎	中古の国債	2.03%	29.7年	長期は国債しかない

↑図5-6 円で投資するなら何がオススメ？

個人的に各投資期間ごとに最もオススメなモノに◎、次にオススメなものに○をつけてみました。投資先を選ぶときの参考にしていただければと思います。

なお、ここに掲載している金利は2024年6月時点の金利情報に基づいています。最新の情報は自分で調べてみて、図5－6のように比較することで、自分に一番合った投資先を見つけてください。

ドルで投資するなら何がオススメ？

こちらも投資期間により、オススメの投資先が変わってきます（図5－7）。

期間1年であれば、住信SBIネット銀行のドル定期預金が金利が高くなっています。本田技研工業株式会社の社債はより金利が高く、あのホンダが1年以内に倒産するとは考えづらいので、金利だけ考えるとイチオシなのですが、いつも販売されているわけではないため、住信SBIネット銀行のドル定期預金をオススメにしました。

期間3年であれば、中古のアメリカ国債が金利が高くてオススメです。ディズニー社のほうが金利はちょっと高いですが、倒産可能性がゼロではないため、アメリカ国債を選びました。

期間5年では三井住友フィナンシャルグループの社債の金利が高くなっています。三井住友フィナンシャルグループは、三井住友銀行や三井住友カード、SMBC日興証券などの親会社で、格付けはA、5年で倒産するイメージもまったく湧かない会社です。よって金利がより高い三井住友フィナンシャルグループを期間5年のオススメ投資先にしてみました。

期間10年では、ドル建て生命保険をオススメにしています。第4章でも紹介したように、1年あたりの利益が50万円までは税金がかかりません。100万円を生命保険にして10年後、お金が150万円に増えて戻ってきても税金は0円です。

同じ金利4・5%の国債や社債の場合、利息に対する税金が約20%かかってしまうため、税金も考慮すると100万円が136万円（税金9万円引いた後の金額）までしか増えません。よって期間10年ではドル建て生命保険をオススメにしました。

◆運用期間1年程度

		金利	期間
◎	ドル定期預金：住信SBIネット銀行	5.00%	1年
	中古のアメリカ国債	4.80%	1年
○	社債：本田技研工業	5.11%	0.7年

◆運用期間3年程度

		金利	期間
	ドル定期預金：住信SBIネット銀行	3.60%	3年
◎	中古のアメリカ国債	4.50%	3年
○	社債：ウォルト・ディズニー・カンパニー	4.53%	2.8年

◆運用期間5年程度

		金利	期間	備考
○	中古のアメリカ国債	4%	5.4年	
◎	社債：三井住友フィナンシャルグループ	4.84%	5.3年	格付け：A

◆運用期間10年程度

		金利	期間	備考
	中古のアメリカ国債	4.08%	9.9年	
○	社債：メタ・プラットフォームズ	4.47%	8.9年	格付け：AA
◎	ドル建て生命保険	4.50%	10年	利息50万円まで税金0

◆運用期間20年程度

		金利	期間	備考
○	中古のアメリカ国債	4.35%	20.2年	
◎	社債：インテル	5.27%	18.7年	格付け：A

◆運用期間30年程度

		金利	期間	備考
○	中古のアメリカ国債	4.22%	29.9年	
◎	社債：インテル	5.39%	28.7年	格付け：A

⬆図5-7 ドルで投資するなら何がオススメ？

期間20年、30年ではインテル社の社債をオススメにしていますが、そんな先のことはわからない、不安だと感じる方はアメリカ国債を投資先へ選ぶか、他の期間が長い会社複数社へ分散投資するとよいでしょう（20年、30年という長期の投資がしたい場合）。

初心者の投資は、長くてもまずは期間10年までに

期間が長くなるほど、円とドルの価値の変動や金利の変動、会社の業績の予測（倒産可能性）が難しくなります。つい最近発生したコロナ感染症も誰も予想できなかったことですし、緊急事態宣言の結果、倒産する会社もたくさん出ました（A格以上の会社は倒産していませんが）。

ですので、**初心者の間は投資先は長くても10年までとし、10年を経過してお金が戻ってきたら、そのときにまた今回のように投資先を比較して自分に一番合った次の投資先を選択することをオススメします。**

第6章

長期・分散投資でリスクを減らしてお金を増やそう

1 長期投資なら安全かつ インフレ率を上回る結果を出せる

インフレや円安で持っているお金が目減りし、さらに増税で手取りが減ってしまうこんな時代に、どうすればわずかでもお金を増やすことができるのか？　それも、持っているお金は守りながら安全に。本書ではずっとその方法について、筆者の知識と経験の限りを尽くしてお伝えしてきました。

最後の第6章では、王道の長期・分散投資についてお話ししようと思います。

10年単位で考えると投資をする／しないで何十万円も差がつく

第1章で、10～30年という単位で考えると、増税は家計に何百万円という影響を及ぼすとお話ししました。実は、これと同じことが投資にも言えます。

10年単位で考えると、投資をまったくしなかった場合と、少しずつでも投資をした場合とでは、何十万円も差がつくことは普通に起こります。

たとえば100万円の余裕資金を金利3％で投資するとします。1年で3万円、お金が増えます。この増えた3万円を元本に加えて、また投資に回します。元本だけでなく、その利息にも利息がつくため、「**複利運用**」といいます。

これを長く続けるほど、最初の100万円に対して利息が増えていきます。これを「**複利効果**」といいます。

図6－1は、100万円を元本に、金利3％で20年間投資し続けた場合、どのくらいお金が増えるか計算したものです。なお、あくまで増え方をイメージしてもらうためのものですので、税金については考慮していません。

10年後には投資額と利息を合わせてお金が130万円に増え、この130万円に対して金利3％がつくと約3万9000円の利息が受け取れます。当初の100万円に対して3万9000円増えるので、金利3・9％相当になります。さらに投資を続けていくと、20年後には毎年の利息が約5万2600円まで増え、当初の100万円に対して金利5・2％相当になります。

	投資額	利益	
1年目	1,000,000	30,000	
2年目	1,030,000	30,900	
	1,060,900	31,827	
	1,092,727	32,782	
	1,125,509	33,765	
	1,159,274	34,778	
	1,194,052	35,822	
	1,229,874	36,896	
	1,266,770	38,003	
10年目	1,304,773	39,143	当初の100万円に対して3.9%の利回り
	1,343,916	40,317	
	1,384,234	41,527	
	1,425,761	42,773	
	1,468,534	44,056	
	1,512,590	45,378	
	1,557,967	46,739	
	1,604,706	48,141	
	1,652,848	49,585	
	1,702,433	51,073	
20年目	1,753,506	52,605	当初の100万円に対して5.2%の利回り

⬆図6-1 金利3%・投資期間20年で100万円はどうなる？

毎年お金が約6％増えるなら、インフレと増税でお金が減るリスクをだいぶ減らせます。インフレでも増税でも、お金を減らさず守りながら増やせる気がしてきませんか？

利息も再投資すれば複利効果でお金がどんどん増える

さきほどもお話ししたように、**10年、20年という長期で、かつ複利で投資を続けると、利息の収入がどんどん増えていきます。**

仮に5％（税金を引くと4％）の金利でドルで投資を始め、利息も再投資し続けた場合、100万円が10年で148万円、20年で219万円、30年で324万円まで増えます。これだけ元本と利息が増えていれば、ドルと円の価値が多少変動しても、投資の結果はプラスになる可能性が非常に高くなります。

1年だと4％増えても4万円ですが、このように10～30年と長期で考えると利息が積み上がり、1年あたりの利息も次のようにかなりの金額になってきます。

10年目の利息…5万6932円（当初の
　100万円に対して約5・7％）
20年目の利息…8万4274円（当初の
　100万円に対して約8・4％）
30年目の利息…12万4746円（当初の
　100万円に対して約12・4％）

30年目、当初の100万円に対して1年で12万円の利息がもらえるようになる、これが長期投資×複利効果のメリットです。

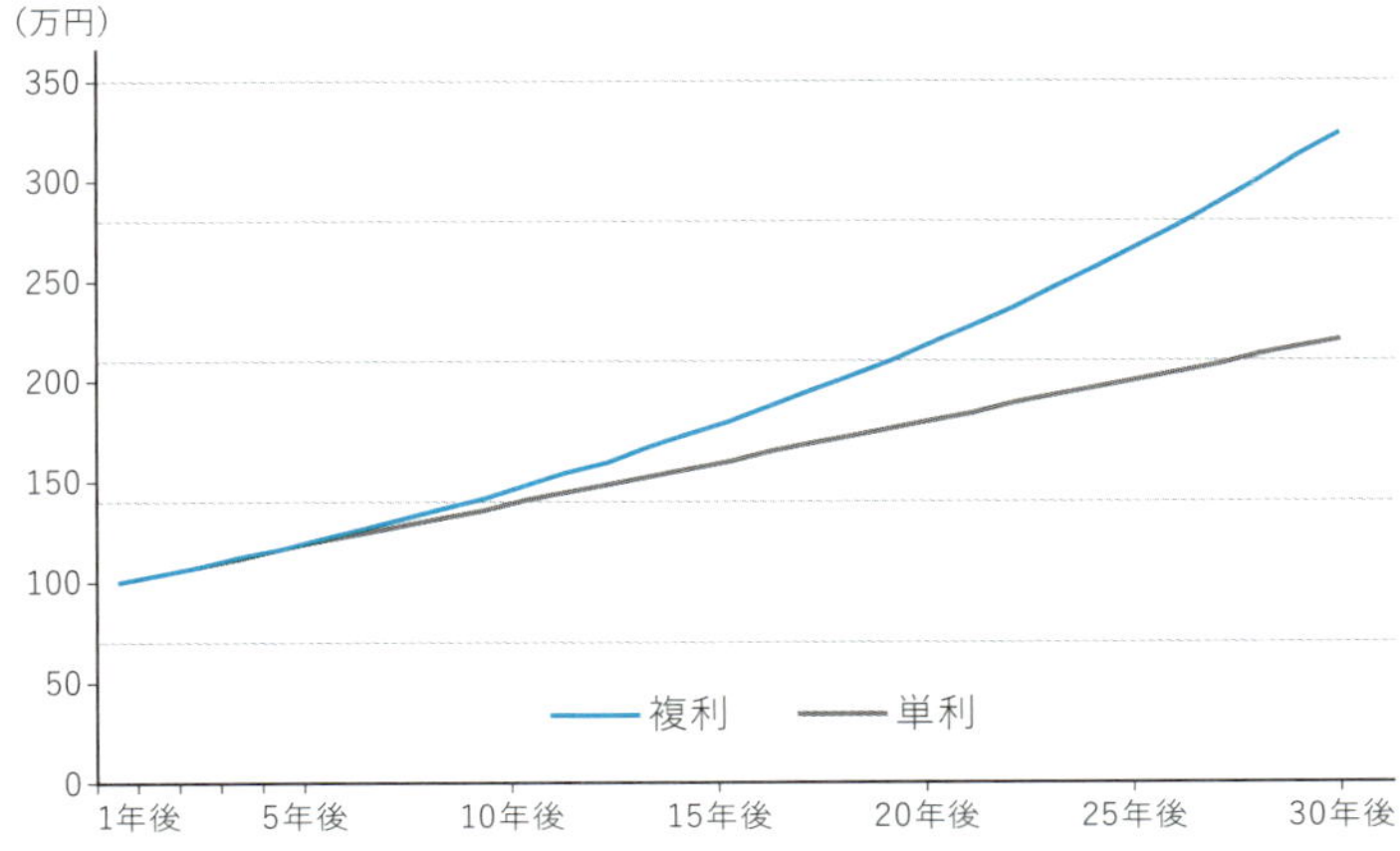

図6-2 100万円を年率10％運用した場合（単利・複利）

長期投資のデメリット

長期投資のデメリットは、たとえば国債やドル定期預金などに投資した場合、満期までお金を動かせないことです。途中解約はもちろんできますが、それでは元本割れの可能性が出てきます。ですから投資は、今すぐ使う予定のない余裕資金で行うのがベストです。

また、投資にお金を回すということは、その分、趣味などにお金を使うのを我慢しなければいけないということでもあります。しかし、少しずつでも結果が出てくると、投資が楽しくなってきて、我慢が苦にならなくなってきます。たくさんの方に、投資でお金が増えた！　という体験をまずはしていただきたいなと思います。

2 投資で損する可能性を減らす2つの分散投資

投資で失敗しないためには、もう1つ大切なコツがあります。それは**分散投資**です。分散にも2通りあります。**1つは、投資先の分散です**。「卵は1つのカゴに盛るな」という有名な格言がありますが、その通り、1つの投資先へ全資金を集中させず、複数の投資先へ資金を分けて、危険を避けるやり方です。

ちなみに「卵は1つのカゴに盛るな」とは、1つのカゴに盛るとそのカゴを落としたときにすべての卵が割れてしまうが、複数のカゴに入れてあれば、たとえ1つのカゴを落としても他の卵は割れずに済むという、リスクヘッジの教えです。

本書第5章で、社債を買って会社にお金を貸す場合に、1社に集中投資するのではなく、10社に資金を分散することで、仮にその中の1社が倒産しても投資結果はプラスになる例を紹介しました。あれがまさに「卵は1つのカゴに盛るな」を実践した例です。

◆100万円を1月に全額ドルに交換した場合

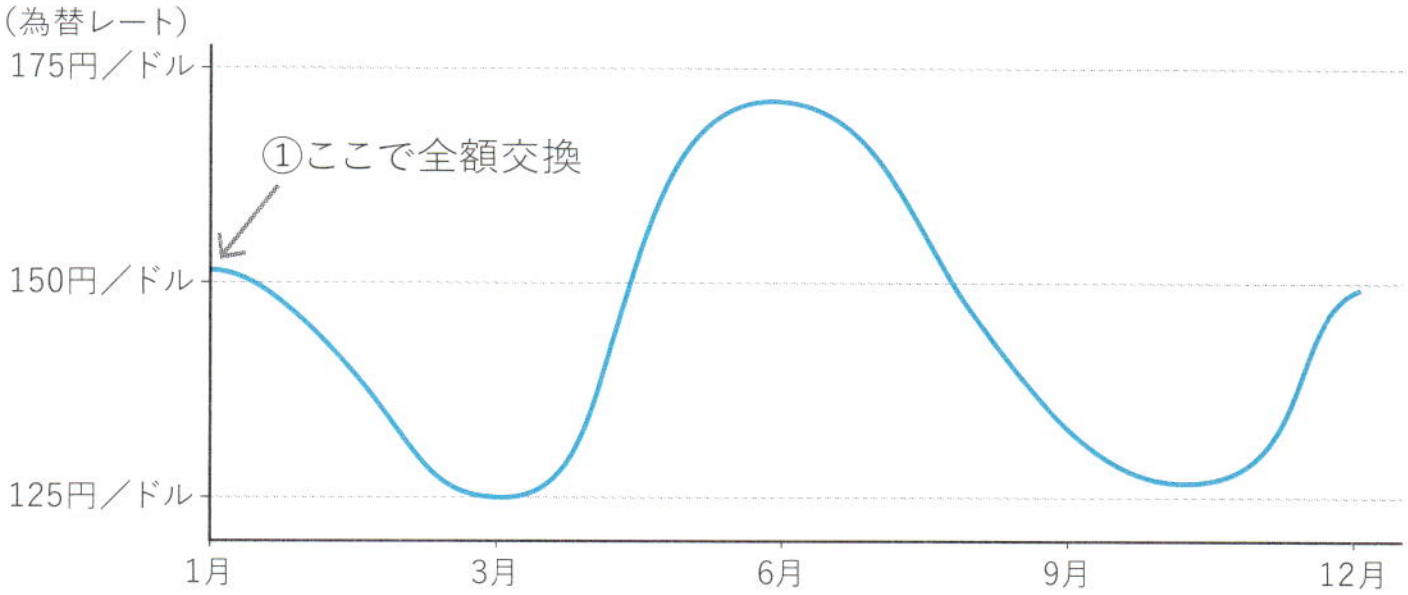

◆100万円を年4回に分けてドルに交換した場合

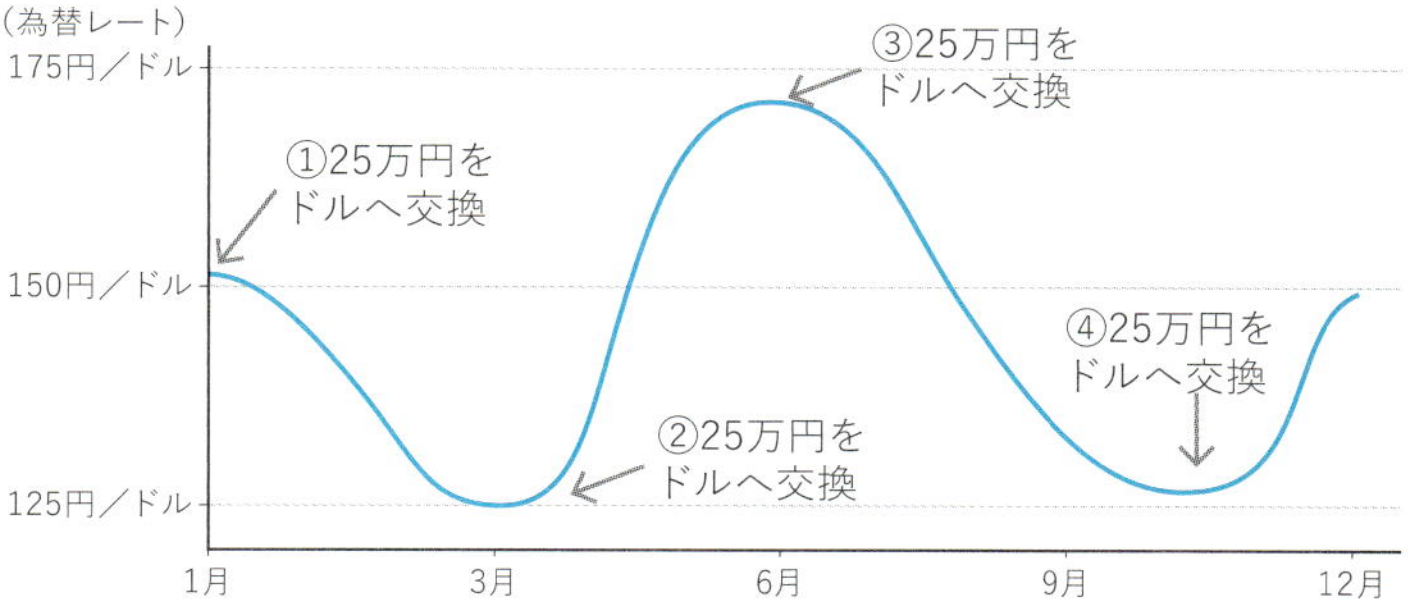

	為替レート	100万円を1月に全額ドルに交換	100万円を25万円ずつ年4回ドルに交換
1月	150	6,667ドル	1,667ドル
3月	125	0	2,000ドル
6月	170	0	1,471ドル
9月	135	0	1,852ドル
トータル		6,667ドル	6,989ドル
		差額	322ドル

↑図6-3 投資タイミングを分散することによるメリット

2つ目の分散は、投資するタイミングの分散です。

投資先と投資タイミング、この2つを分散させることにより、投資先の倒産リスクと価格変動リスクを減らすことができます。

投資するタイミングを分散する理由は、図6－3を見てみてください。

たとえば、ドル定期預金を始める際、上段図のように①のタイミングで投資資金100万円を全額ドルに交換する場合と、下段の図のように年4回に分けて25万円ずつドルに交換した場合を比べてみましょう。

表のように、最終的に交換したドルの金額には322ドルの差がついています。

このように、1度のタイミングで投資するのではなく、時間を分散することで価格（為替）の変動リスクを減らせる可能性が高くなります。

3 長期で分散投資する事例

では、実際にどのように長期・分散投資をしていくとよいか、事例を使ってみていきましょう。

長期で分散投資する事例① ドルの変動リスクを減らす

まずは、日本円の定期預金とドルの定期預金へ長期・分散投資する場合を考えてみます。

日本円の定期預金は1年もので金利0・5％、ドル定期預金も1年もので金利5・0％です。ちょうどどちらも期間が1年になるため、1年後に満期が来る都度、次のように投資の内訳を変えていくと、ドルと円の価値の変動リスクを分散することができます。

1年目…円定期預金を90万円、ドル定期預金を10万円で投資スタート
2年目…円定期預金を80万円、ドル定期預金を20万円
3年目…円定期預金を70万円、ドル定期預金を30万円
4年目…円定期預金を60万円、ドル定期預金を40万円

長期で分散投資する事例②　金利が変動するリスクを減らす

次は金利が変動するリスクを分散投資で減らしていきましょう。

まずは、日本国債の金利がどのくらい変動しているか確認してみます。図6－4のグラフは、期間5年の日本国債の金利の推移です。

グラフを見ると、2020年から金利が上昇傾向にあることがわかります。この1年でも金利が0・1％から0・6％まで上昇しています。かなり金利が変動していることがわかると思います。もし、金利が0・1％のときに余裕資金を全額日本国

債購入にあてていたら……今、とても悔しい思いをする羽目になっていたでしょう。**このように金利は上がったり下がったりしているため、国債を買うタイミングを分散することで、金利で損するリスクを減らしていきましょう。**

今回は日本円の定期預金（金利0・5%、期間1年）と日本国債（金利0・61%、期間5年）の2つの投資先に分散投資する事例を考えてみました。

国債の金利が上昇するかもしれないため、国債への投資は資金の一部に留め、残りの資金は1年で満期を迎える定期預金で運用しておきます。

仮に定期預金と国債の金利が表のように変化していった場合、毎年10万円ずつ国債への投資額を増やしていくことで、金利が高くなった国債への投資をすることもできています。

このように、1年ごとにそのときの金利を見て、定期預金よりも国債の金利が高ければ、国債への投資へと資金を移していくことができます。

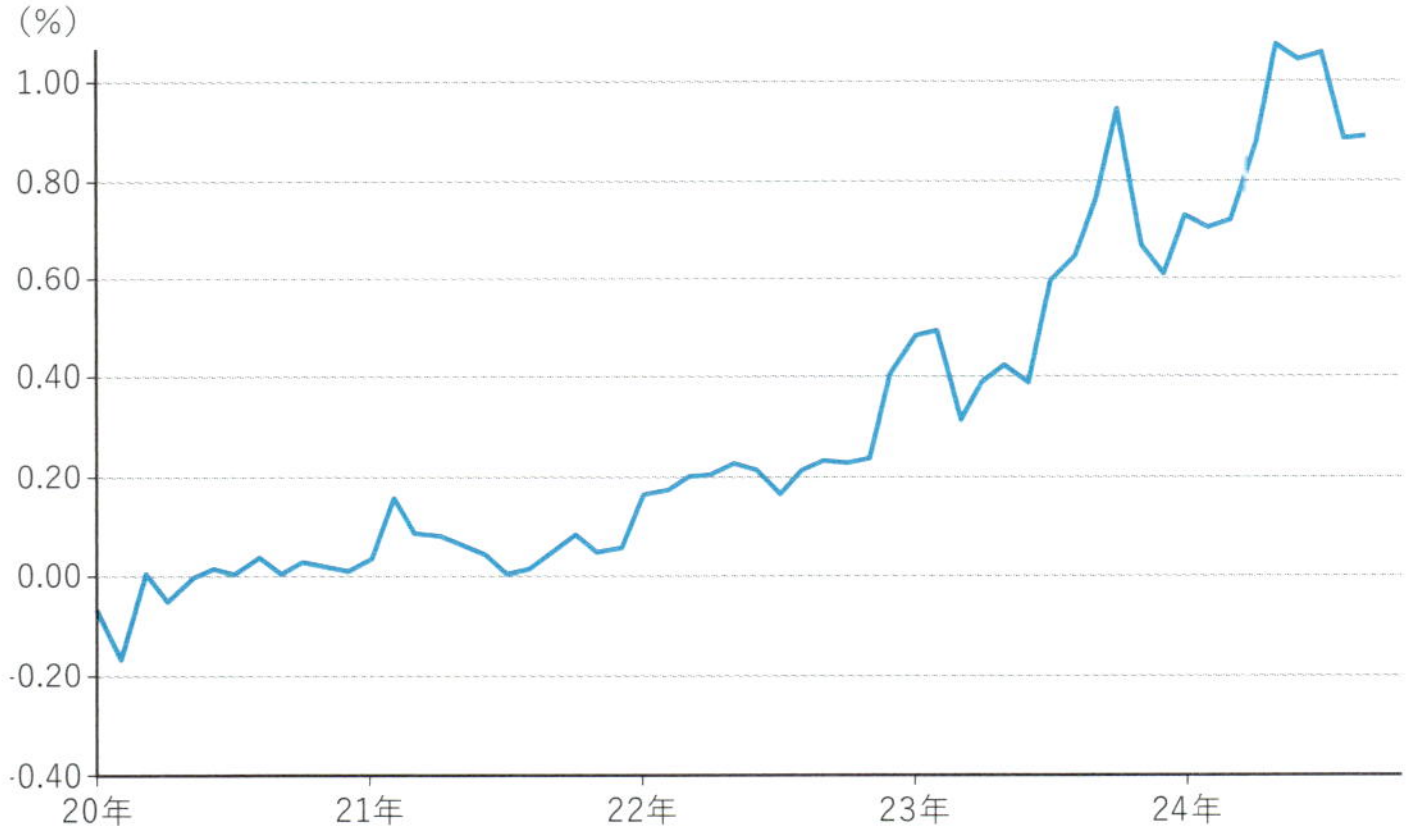

↑図6-4 長期金利の推移（直近5年間）

	金利		投資額	
	定期預金	国債	定期預全	国債
1年目	0.50%	0.61%	100万円	10万円
2年目	0.50%	0.71%	90万円	20万円
3年目	0.60%	0.81%	80万円	30万円
4年目	0.70%	0.71%	70万円	40万円
5年目	0.80%	0.91%	60万円	50万円

↑図6-5 定期預金と日本国債で分散投資した例

倒産リスクを分散する

最後に、投資対象の倒産リスクの分散を考えてみましょう。

日本国債やアメリカ国債、日本の定期預金は元本保証であるため、倒産リスクはないものとして考えます。

外貨預金はペイオフの対象外となるため、銀行の倒産リスクがあります。

日本やアメリカの会社にお金を貸すときも、会社倒産のリスクがあります。

以上を踏まえると、「円定期預金」「ドル定期預金」「アメリカ国債」「トヨタ自動車の社債」を投資先として選んだ場合に、投資先への資産の配分をどうすればよいでしょうか？

筆者ならば、倒産リスクがない円定期預金やアメリカ国債に投資資金の8割を投資し、残り2割を倒産リスクはあるものの金利が高い2つの投資先へ投資します。

円定期預金…期間1年、金利0・5％、50万円
ドル定期預金…期間1年、金利5・0％、10万円
アメリカ国債…期間5・4年、金利4・1％、30万円
トヨタ自動車の社債…期間5年、金利4・5％、10万円

ドル定期預金は、住信ＳＢＩネット銀行かａｕじぶん銀行に、金利5％の商品があります。両行とも格付けはＡＡと安全性が高いです。

トヨタ自動車はさらに安全性が高いＡＡＡの格付けとなっています。

いずれも倒産リスクは0ではないですが、ドル定期預金は期間1年間と短いですし、もし銀行が危ないというニュースが流れたら定期を解約して他の銀行へ送金すれば倒産リスクを回避できます。

トヨタ自動車も、仮に危険なニュースが流れたら社債を満期前に売却すれば、元本割れはするかもしれませんが、投資額が0にならないようリスク回避することが可能です。

このように4つの投資先へ資金を配分することで、倒産リスクを減らしながらなるべく多くの利息がもらえるように投資することが可能です。

この節では、投資先や投資タイミングを分散することで、損するリスクを減らしながらお金を増やす資金配分を考えてきました。次は、余裕資金別にどんな投資が可能になるのか見ていきましょう。

4 余裕資金が100万円ある場合の長期・分散投資の例

余裕資金100万円ではじめて投資をスタートする人向けに、投資先をどのように選び、どのように資金配分をするのがよいか一緒に考えてみましょう。

まずは、どんな投資先が考えられるか、一覧にしてみました（図6-6）。この中から、①何に、②いくら、③いつ、投資していくかを考えます。なお、100万円は余裕資金で、10年以上解約せず放置することができるお金として考えます。

種類	期間	金利	その他	いくらから	備考
円定期預金	1年	0.45%	固定金利	10万円〜	徳島大正銀行 とくぎんネット支店
円定期預金	1年	0.50%	固定金利	50万円〜	東京スター銀行
円定期預金	1年	0.60%	固定金利	100万円〜	オリックス銀行
円定期預金	5年	0.70%	固定金利	100万円〜	SBJ銀行
個人向け国債	5年	0.61%	固定金利	1万円〜	
個人向け国債	10年	0.72%	変動金利	1万円〜	
新窓販国債	10年	1.10%	固定金利	5万円〜	
中古の国債	21.9年	2.18%	固定金利	5万円〜	
中古の国債	29.9年	2.09%	固定金利	5万円〜	
ソフトバンクグループ	6.6年	2.50%	固定金利	100万円〜	格付けBB
みずほFG	9年	1.45%	固定金利	100万円〜	格付けA
東北電力	13.9年	1.81%	固定金利	100万円〜	
ドル定期預金	1年	5.00%	固定金利	10ドル〜	住信SBIネット銀行の場合
中古のアメリカ国債	0.9年	4.66%	固定金利	100ドル〜	
中古のアメリカ国債	5.1年	3.94%	固定金利	100ドル〜	
中古のアメリカ国債	9.8年	4.09%	固定金利	100ドル〜	
中古のアメリカ国債	19.9年	4.46%	固定金利	100ドル〜	
中古のアメリカ国債	29.9年	4.33%	固定金利	100ドル〜	
ウォルト・ディズニー	5.2年	4.37%	固定金利	2,000ドル〜	格付けA
三井住友FG	9.2年	4.86%	固定金利	2,000ドル〜	格付けA
アップル	20.8年	4.71%	固定金利	2,000ドル〜	格付けAAA
メタ・プラットフォームズ	28.9年	5.18%	固定金利	2,000ドル〜	格付けAA
ドル生命保険	10年	5.60%[*1]	固定金利	100万円〜	

＊1 ドル保険の金利は4.5%だが、利益50万円まで税金0円となるため、他の投資先と比較しやすいよう税金の影響を加味した金利5.6%で表記

⬆図6-6 投資先候補一覧

投資初心者で、とにかくリスクを取りたくない場合

元本が保証されている日本国債（期間10年、変動金利0・7％）に、100万円を全額投資してみましょう。元本が保証されているため、お金が減るリスクはありません。金利も半年ごとに見直されるため、将来金利が上がったとしても、半年ごとに高い金利へ自動で更新されていきます。

図6－4のグラフのように、現在日本の金利は徐々に上がってきているため、固定金利だと金利が上がって損をするリスクがありますが、変動金利なら安心です。最悪、中途解約する場合でも、1年分の利息を返すことで預金に戻すことができます。

ドルで投資してもいいと思える人向けの投資先

第2章では、余裕資金の一部をドルで持てば生活費の変動リスクと相殺でき、結果的にお金を守ることができる、という考え方をお話ししました。ドルでの投資は

金利が4〜5%と、高いリターンも期待できます。そこで、余裕資金の一部をドルで持つ場合の投資先の例を考えてみました。

投資をスタートする際、ドル(ドル定期預金とアメリカ国債)に約20万円ほど投資していきます。また、ドルへの投資資金の半分を、期間約10年のアメリカ国債に投資することで、長期で高い金利を受け取ることを狙っています。

投資を始めて2年目にはドル定期預金を20万円増額し、余裕

	金利	期間	投資額
普通預金	0.25%	ー	4,000円
円定期預金	0.50%	1年	50万円
円定期預金	0.45%	1年	30万円
ドル定期預金	5.00%	1年	10万円
アメリカ国債	4.09%	9.8年	9万6,000円
平均金利	0.9%		

◆2年目に円定期預金を減らしてドル定期預金への投資額を増やす

	金利	期間	投資額
普通預金	0.25%	ー	4,000円
円定期預金	0.50%	1年	50万円
円定期預金	0.45%	1年	10万円
ドル定期預金	5.00%	1年	30万円
アメリカ国債	4.09%	8.8年	9万6,000円
平均金利	2.2%		

↑図6-7 余裕資金の一部をドルで持つ場合の投資先の例

資金のうち約40%をドルに投資することで、余裕資金全体の平均金利は2・2%まで上昇しました。

40%をドルに替えていますが、このドルは定期預金やアメリカ国債が満期になっても、再度ドルで投資をして金利を稼いでいきます。ドルは円に戻さず、10年以上ドルのままで投資を続けることで高い金利を受け取ります。そうすることで、もし円とドルの価値が変動して円高になっても、損する可能性を減らせるかもしれません。

たとえば10年後、円安になっていたとしたら、ドルで投資している額を円に戻せば、円安効果も加わって利息以上にお金が増えます。逆に10年後、円高になっていた場合は円に戻さずドルで投資を続け、円安になるタイミングを待ってもいいでしょう。仮に円に戻しても、余裕資金の40%、約40万円までにドルでの投資を抑えているため、生活費の上昇リスクと相殺できる範囲になります。

余裕資金1000万円の場合の注意点

ディズニーやスターバックスが好きだし、金利も4％以上もらえるからお金を貸してみたい！　という方もいるかもしれません。5年や10年でこれらの会社が倒産する可能性は低いと考えられるため、投資してもいいとは思います。が、最低投資額が2000ドル（約32万円）からとなっていることに注意が必要です。

1000万円のうち32万円を投資して、不幸にも投資先が倒産してしまった場合、全資金の約30％を失うことになり、影響が大きすぎます。余裕資金が1000万円あって30万円を失う（全資金の3％）場合とでは精神的ダメージが異なります。投資先を決めるときは、投資額を失った場合の精神的ダメージも想像した上で、投資をするかどうか考えてみてください。

以上は、あくまでも投資するときの考え方の参考にしていただくために作成した事例です。**長期で分散して投資する、という一番大事なポイントだけ押さえておいてもらえれば、あとは自分の好みや都合に合わせて投資先や資金配分の割合を決めるとよいでしょう。**

5 余裕資金が300万円ある場合の長期・分散投資の例

次は、余裕資金300万円で考えます。余裕資金が300万円ある場合の投資事例を2パターン作ってみました。

余裕資金300万円のうち、100万円までドルで投資するパターンと、150万円までドルで投資するパターンです。それぞれ投資額全体に対する平均金利が1・9%と3・0%になり、1年で3万円の差がつきました。では、具体的にどのように投資したか見ていきましょう。

投資リスクを少なくしたい人向けの投資事例

余裕資金に対する円とドルの割合を3対1（円で225万円、ドルで75万円の投資をする）にして投資を始めます。為替の変動リスクを抑えるために、円をドルに替える際の時間の分散もしてみました。また、満期までの投資期間が1年のものと10年のものの割合を3対1にして投資を始めています。長期で固定される資金を少なめにして始めることで、投資を実際に始めてから1年後に資金配分を見直しやすいようにしています。

投資を始めて2年目には、余裕資金の円とドルの割合を2対1、短期（1年）と長期（10年）への資金配分割合も2対1としています。投資に慣れたぶん、1年目よりはリスクを取りなが

	金利	期間	投資額
円定期預金	0.60%	1年	100万円
円定期預金	0.50%	1年	50万円
個人向け国債（変動金利）	0.72%	10年	50万円
ドル定期預金	5.00%	1年	50万円
アメリカ国債	4.09%	10年	25万円
平均金利	1.6%		

◆2年目に円定期預金を減らしてドルへの投資額を増やす

	金利	期間	投資額
円定期預金	0.60%	1年	100万円
円定期預金	0.50%	1年	25万円
個人向け国債（変動金利）	0.72%	10年	50万円
ドル定期預金	5.00%	1年	50万円
アメリカ国債	4.09%	10年	50万円
平均金利	1.9%		

↑図6-8 投資リスクを少なくしたい人向けの投資事例

ら金利を追求できるように資金配分割合を変えています。

ストレスのない範囲でリスクを取って金利を追求しよう！

今回の投資事例では、２年目には余裕資金のうち１００万円をドルへ追加投資しています。ドル円の交換レートは１か月で５％動くことも普通にあります（ちょうどこの原稿を書いているとき、円高が進み２週間で約５％円高になりました）。５％円高になると、ドルに替えた１００万円の価値が５万円減ってしまいます。

ドル円の価値が大きく動くと、ニュースでも取り上げられます。それを見て、あぁ５万円も損してしまった！　どうしよう？　やっぱりドルで持つのはやめて日本円に戻そうか……と思ってしまうことがあるかもしれません。ドルへの投資で損をするストレスは、体験してみないとわからないと思います。人によっては、かなりのストレスになってしまうかもしれません。

為替レートの変動で、１日で１００万円、含み損が増えることもあります。１００万円を稼ぐにはどれだけ働けばいいんだろう？　と考えると気分が暗くなり、投資しているのが嫌になってきます。もしこのような状態にあなたがなってしまったら、それは投資額が多すぎです。資金配分の見直しが必要になってきます。もしくは、長期で分散投資することでリスクが減るということを思い出す必要があります。

ドル投資を始め、100万円をドルにしていて、2週間で5%（5万円）の損が出たとします。しかし、1年が経てばドル定期預金の金利で5%、アメリカ国債の金利で4・09%分の利息を受け取ることができ、5万円の損はほぼ消えます。2年投資を続けていれば、5万円の損よりも多くの利息を受け取ることができます。長期で考えるほど、一時的な損は意味がないものになります。

また資金を一度にドルに替えず、まずは余裕資金の4分の1をドルに替えます。仮に1年後に5%損をした状態だったとすると、2年目は1年目よりも安くドルに交換することができます。

1年目…1ドル＝160円、10万円で625ドルに交換できる
2年目…1ドル＝152円、10万円で658ドルに交換できる

ドルに交換するタイミングを分散したことで、ドルに交換する際のレートをならすことができています。

このように、長期で分散して投資すると、リスクを減らしていくことができます。**投資しているものの満期が来るまで投資したことを忘れてしまうぐらいがちょうどいいのです**。それでもニュースで円高になったことを知った際に、「あぁ〇万円損した〜」と考えてしまうのであれば、自分がストレスを感じない金額までドルで投資している資金を減らしましょう。投資は、ストレスを感じずに長期・分散投資することが成功の秘訣です！

ドルへの投資割合をもっと増やせる人向けの投資事例

もっとリスクを取ることができる場合について考えてみましょう。1年目から余裕資金の3分の1をドルに投資することとし、金利が最も有利なドル生命保険へ投資することで、平均金利が2・3％まで上がるような資金配分をしてみました。

2年目には円定期預金を減らし、ドル定期預金へ追加で50万円投資をしています。

これにより投資資金全体の平均金利が3%まで上がりました。300万円を投資して利息が年間9万円入ってきます。普通預金に預けておいても利息は数百円だったことと比べると、お金が増えた実感が湧く額だと思います。

	金利	期間	投資額
ドル生命保険	5.60%	10年	100万円
円定期預金	0.60%	1年	100万円
個人向け国債（変動金利）	0.72%	10年	100万円
平均金利	2.3%		

◆2年目に円定期預金を減らしてドル定期預金を追加する

	金利	期間	投資額
ドル生命保険	5.60%	10年	100万円
ドル定期預金	5.00%	1年	50万円
円定期預金	0.50%	1年	50万円
個人向け国債（変動金利）	0.72%	10年	100万円
平均金利	3.0%		

↑図6-9 ドルへの投資割合を増やせる人向けの投資事例

6 私たちの将来の年金も長期・分散投資で運用されている

年金積立金管理運用独立行政法人（以下、GPIF）の名前を聞いたことがありますか？

GPIFは、私たちが将来受け取る年金の財源を確保するため、過去に日本人が払ってきた国民年金保険料・厚生年金保険料の一部を株や債券（国債や社債）で運用してお金を増やすことを仕事にしている組織です。

GPIFは現在245兆円以上のお金を運用していますが、このうちの半分以上の約150兆円は、GPIFがこれまでに株や債券に投資をして増やしたお金となっています。

GPIFの資金は私たちの将来の年金の財源になるため、損をするわけにはいきません。GPIFはいったいどんなふうに年金財源の一部を投資しているのか、見てみましょう。

GPIFも長期・分散投資をしている！

図6－10は、2023年末時点の、GPIFの実際の分散投資の割合です。国内債券（国債や地方債など）、海外の債券（アメリカ国債など）、日本の株式、海外の株式へそれぞれ25%プラスマイナス6～8%の変動幅の範囲内での運用を目標としています。

2023年末時点では総額約246兆円の資金を各投資先へ投資しています。GPIFは運用資金100兆円からスタートし、過去23年間で140兆円以上の利益を生み出しています。その運用実績や、どうやって運用しているかの概要はGPIFのホームページで公開されています。

では、GPIFの運用実績を1年ごとに見てみましょう。GPIFの運用実績と、日経平均、S&P500といった指数の騰落率とを比較したのが図6－11になります。

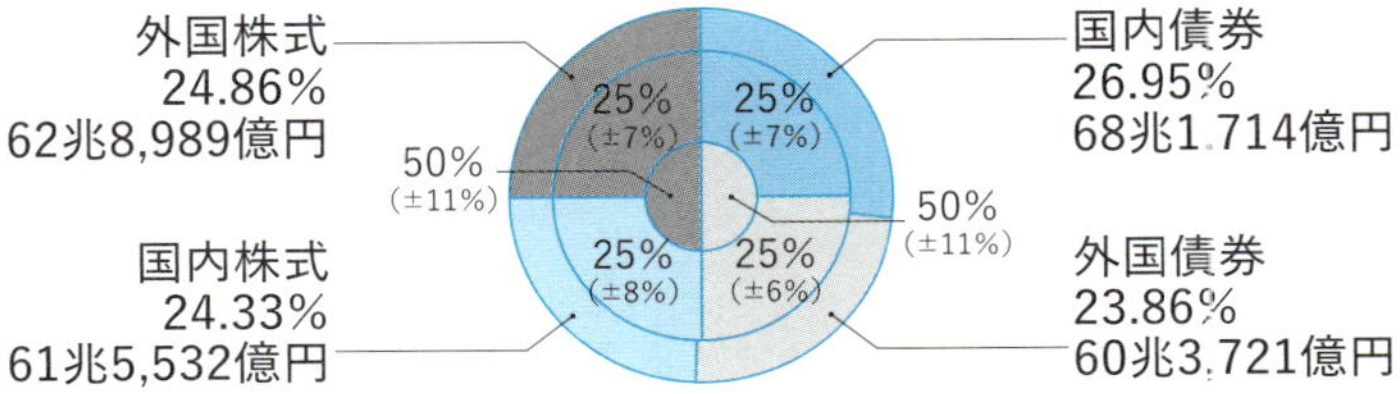

年金積立金管理運用独立行政法人(GRIF)資料より

図 6-10 GPIFの基本ポートフォリオ(資産構成割合)

西暦	運用結果	騰落率	日経平均の騰落率	S&P500の騰落率
2001	−6,564	−0.7%	−22%	−13%
2002	−25,877	−2.6%	−19%	−23%
2003	47,225	4.9%	24%	26%
2004	23,843	2.3%	8%	9%
2005	86,795	8.4%	40%	3%
2006	36,404	3.2%	7%	14%
2007	−58,400	−5.0%	−11%	3%
2008	−96,670	−8.8%	−42%	−38%
2009	88,938	8.8%	19%	23%
2010	−5,692	−0.5%	−3%	13%
2011	23,808	2.2%	−17%	0%
2012	110,449	9.9%	23%	13%
2013	100,685	8.2%	57%	30%
2014	151,824	11.5%	7%	11%
2015	−53,846	−3.6%	9%	−1%
2016	78,899	5.5%	0%	10%
2017	100,578	6.7%	19%	19%
2018	23,623	1.5%	−12%	−6%
2019	−83,003	−5.1%	18%	29%
2020	377,881	24.5%	16%	16%
2021	100,925	5.3%	5%	27%
2022	200,132	9.9%	−9%	−20%
2023	245,981	11.1%	28%	24%

図 6-11 GPIFの運用実績と株価インデックス比較

これを見ると、株価の騰落率よりGPIFの運用結果の騰落率のほうがマイルドになっています。たとえばリーマンショックのあった2008年、株価は日米ともに40％前後も下がっていますが、GPIFの運用結果はマイナス8・8％に留まっています。逆に、日経平均が57％、S＆P500が30％上がった年でもGPIFの運用結果はプラス8・2％と、株式より低いリターンになっています。

このように安定した結果になるのは、GPIFが資産の50％を株式、50％を債券で運用しているからです。ちなみに、GPIFの運用実績は、単年で見ればマイナスの年もありますが、2001年に自主運用を開始して以来、2023年度末までの累積収益額は約153兆円、収益率は年平均で4・36％となっています。

具体的にどんな投資先へ投資してるの？

GPIFの投資先はすべて公開されています。そこで、ここでは国内株式、海外株式、国内債券、海外債券、それぞれどんな投資先へ投資しているのか、上位5つの投資先を見てみましょう。

◆国内株式の投資先

トヨタ自動車	1.36%
三菱UFJフィナンシャル・グループ	0.64%
ソニーグループ	0.61%
東京エレクトロン	0.58%
三菱商事	0.47%
その他、2,248銘柄	21.98%
トータル	25.65%

◆海外株式の投資先

MICROSOFT CORP	1.12%
APPLE INC	0.94%
NVIDIA CORP	0.86%
AMAZON . COM INC	0.63%
META PLATFORMS INC-CLASS A	0.40%
その他、3,428銘柄	21.50%
トータル	25.44%

◆国内債券の投資先

利付国債373回	0.77%
利付国債371回	0.72%
物価連動利付国債10年20回	0.47%
利付国債372回	0.45%
中期国債・5年166回	0.39%
その他、4,797銘柄	20.94%
トータル	23.74%

◆海外債券の投資先

US TREASURY N/B 3.875% 08/15/2033	0.12%
US TREASURY N/B 3.375% 05/15/2033	0.11%
US TREASURY N/B 0.625% 08/15/2030	0.11%
US TREASURY N/B 3.5% 02/15/2033	0.11%
US TREASURY N/B 4.125% 11/15/2032	0.11%
その他、11,685銘柄	24.61%
トータル	25.18%

4つの投資先への総額：238,119,432,093,206円

図6-12 GPIFの主な投資先

ここではどれだけ分散投資をしているのかチェックしてみましょう。さすが245兆円を運用するだけあり、全体でなんと2万2178銘柄へ分散しています。国内株式、海外株式、国内債券、海外債券の4つの種別それぞれで最も大きな金額を投資している先でも、全体の1％程度です。巨額な資金を運用しているからこそできる分散ぶりです。

国内債券の中には、本書にも登場したみずほフィナンシャルグループや九州電力、ソフトバンクの社債も含まれていました。また海外債券ではスターバックスコーヒー（金利4・75％、満期2026年2月）、ウォルト・ディズニー（金利3・5％、満期2040年3月）、Amazon（金利4・7％、満期2032年12月）、アップル（金利2・9％、2027年9月満期）といった社債にも投資していました。

ここまで分散すると、お金を守りながら増やせる可能性がとても高くなってきます。こうした運用の結果として、GPIFは2001年からの22年間で、100兆円から245兆円までお金を増やしました。本書では、長期・分散投資はお金を守りながら増やすためのセオリーであると繰り返しお話ししていますが、GPIFの運用実績がその証左です。

ＧＰＩＦのホームページには、ＧＰＩＰが株や債券への投資でお金を増やし続けることができた要因について、植田栄治ＣＩＯ（最高投資責任者）の言葉として「ＧＤＰの推移と比較しても、世界経済と市場の成長がＧＰＩＦの収益につながったことがわかると思います」と記されています。

世界の名目ＧＤＰとは、ざっくりと世界中で１年間で生み出された価値の総額と考えてＯＫです。世界中の人がモノをたくさん生産して、たくさん消費するほど世界の名目ＧＤＰは増えていきます。名目ＧＤＰが増えるとき、世界中に存在するいろいろな会社も売上・利益が増えます。会社の売上・利益が増えれば株価が上がっ

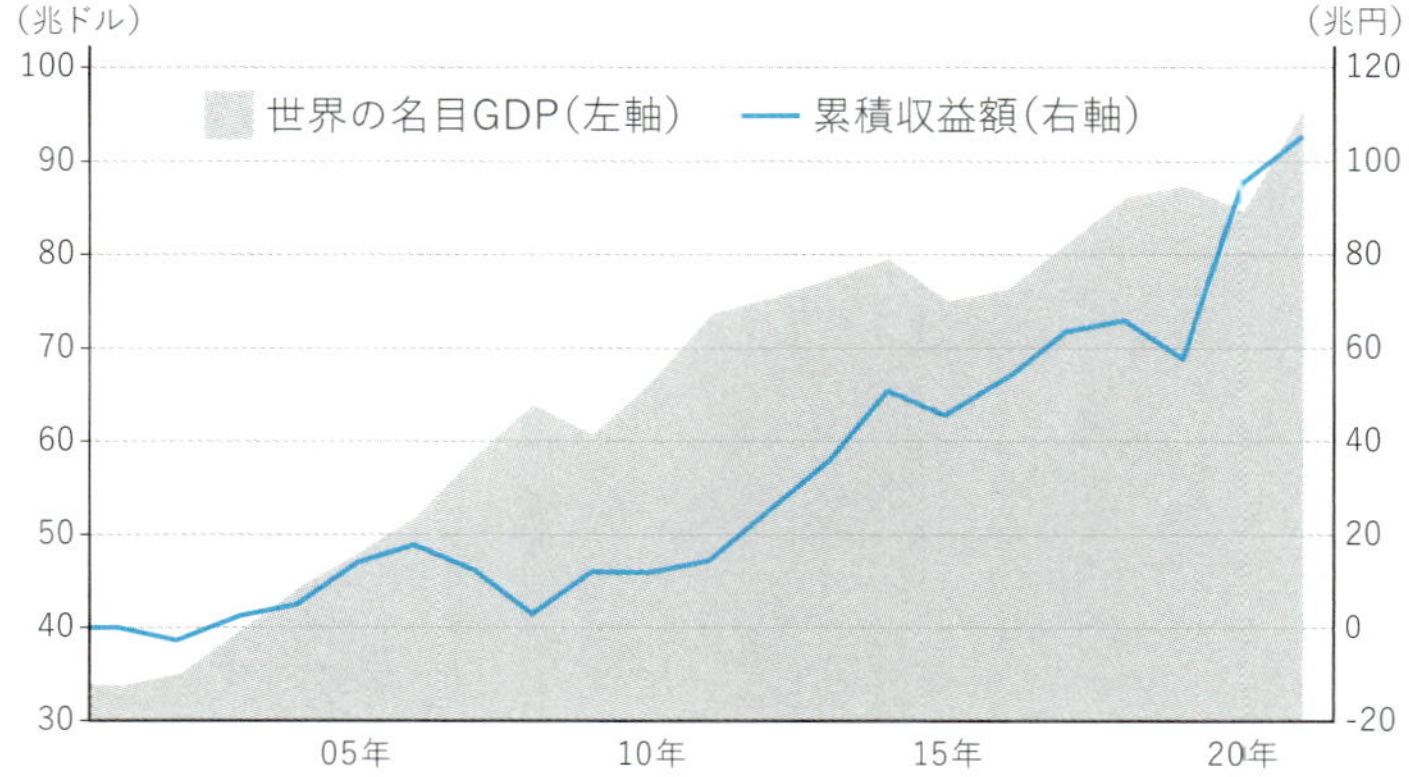

GPIFホームページ「GPIF植田CIOに聞いてみよう 年金を運用して大丈夫？」より

図6-13 世界名目GDPとGPIFの収益

たり、もっと商品を作って販売するために社債を発行してお金を借りることもあります。このように世界の名目GDPが増えた結果、株式や債券への投資成績もプラスになった、ということをGPIFのCIOが言っています。

国連の予想では、世界の人口は2080年まで増加するとされています。ですから、今後もGPIFは堅実に投資でお金を増やしていけることでしょう。

GPIFを真似して投資するなら？

GPIFは我々国民から預かったお金を将来の年金財源にあてるため、安定した運用を目標に、長期分散投資を行っています。

本書では株への投資は推奨していませんが、もしGPIFのように4つの資産(国内債券、海外債券、国内株式、海外株式)に分散して投資したい、と思うなら、こんな風に投資してみるとよいかもしれません。

●余裕資金が100万円の場合
国内債券…個人向け国債10年（変動金利0・72％）へ25万円
海外債券…中古のアメリカ国債約10年（固定金利約4％）へ25万円
国内株式…日経平均へ連動する投資信託へ25万円
海外株式…MSCIオール・カントリー・ワールド・インデックス*に連動する投資信託へ25万円

*MSCIオール・カントリー・ワールド・インデックスは、先進国23か国および新興国24か国の株式市場に上場する大型・中型の株式で構成されていて、世界の名目GDPの増加に伴い価格の上昇が見込める世界の平均株価のような投資先です。

個別の株に分散するには、何百万円、何千万円とお金が必要ですが、投資信託であればわずかな資金でそれが可能になります。
日経平均に連動する投資信託（100円から投資可）なら225社に分散投資してくれます。MSCIオール・カントリー・ワールドインデックスに連動する投資信託（100円から投資可）であれば、約3000社の世界中の会社へ分散投資ができます。

ただし、マネするのが難しい点もあります。GPIFは4つの資産への資金配分がそれぞれ25%ずつになるように運用しています。たとえば国内株式が値上がりし、全資産の中での国内株式の割合が33%（25%＋乖離許容幅8%）を超えたりすると、GPIFは株を売却して債券を購入することで、全体の資産が25%ずつになるように調整します。**リバランス**と呼ばれる作業です。

個人でこの調整をするのはなかなか大変ですので、ここまでのことはしなくてもよいでしょう。株や投資信託へと投資先を広げるのであればむしろ、10年、20年と、投資したことも忘れて長期間放置するくらいの心構えでいていただきたいと思います。

おわりに

投資について考え、行動することは、割のいい副業と同じ

本書を最後まで読んでいただき、ありがとうございます。

いかがでしたでしょうか。投資は面倒、怖い、といった気持ちに変化はあったでしょうか。

初めての投資となると、銀行口座や証券口座を作ったり、いろいろな投資先を調べたり、どこにいくら投資するのかを考えたり、やることが多くて大変かもしれません。

そんなとき、モチベーションをアップする考え方をお教えします。

投資を、時給２７００円のちょっと割のいい副業だと考えてみてください。

なぜ時給２７００円なのか？　その根拠を簡単にお話しします。

まずは、たとえばドル定期預金などの投資をするにあたって、どのくらい時間がかかるか考えてみます。銀行口座や外貨預金口座、証券口座など複数の口座開設に

合計4時間程度、投資先を調べる（最新の金利チェック）のに4時間、実際に投資先を決めるのに2時間、銀行からお金を移し、注文するのに1時間、計11時間くらいあれば準備ができます。

次に、得られる報酬についてシミュレーションします。たとえば100万円の余裕資金で、ドル定期預金に50万円（金利5％）、満期まで約10年の中古の日本国債に50万円（金利1・1％）投資したとしましょう。すると1年後には約3万円の利息が受け取れます。かかった時間は11時間ですので、時給に換算すると2727円になるというわけです。

翌年以降も同じように投資する場合、すでに口座もあり、慣れもありますから、投資に必要な時間は減少し、2時間くらいで投資先が決まるかもしれません。それで同様に利息が3万円ついたら、時給はなんと1万5000円にアップします。

投資の知識・ノウハウは、一度身につけてしまえば死ぬまで何十年と使えます。最初は大変かもしれませんが、投資の利益でちょっといいお店に食事にでも行くのを楽しみに、簡単なことから始めていきましょう！

それでも投資はやっぱり難しいなぁ……と感じるのであれば、まずは次のアクションから始めてみてください。

・金利0・55％の円定期預金を1000円で始めてみる
・個人向け日本国債を1万円で始めてみる
・金利5・0％のドル定期預金を1万円で始めてみる

いずれも、ネット銀行やネット証券ならスマホでも口座開設手続きを完了でき、定期預金は即日開始、日本国債なら最短で翌日に個人向け国債が購入できます。

この3つを始めてみるだけでも、お金に対するあなたの意識はきっと変わってくるはずです。

著者プロフィール

永江 将典（ながえ まさのり）

公認会計士、税理士、投資家。

1980年愛知県生まれ。早稲田大学卒業後、監査法人やトヨタ自動車での勤務を経て起業し、税理士事務所を開業。数々のお金持ちから学んだお金との付き合い方・投資の仕方を真似した結果、投資からの収入が年間1,000万円を超える。

現在の投資スタイルに至るまでは、株の暴落で1,000万円以上の損を出したり、詐欺で1,000万円以上を騙し取られたり、FXや暗号資産でも○千万円を溶かしたりと数々の失敗を経験。もう二度とそんな経験はしたくない！　と、お金が減るリスクを減らしながら賢くお金を増やす投資スタイルを確立する。

投資先は、外貨預金、日本株、インド株、インドネシア株、アメリカ株、NISA枠投資信託、国債、社債、不動産（国内·海外）、太陽光発電、金、絵画、など。面白そうな投資先を見つけるとついつい投資してしまう癖を持つ。これまでの総投資額は10億円を超える。

節税と投資を組み合わせた手取りアップノウハウを伝えることで、相談者の生涯手取りを何百万円・何千万円と増やすことに成功している。

装　　丁：古屋　真樹（志岐デザイン事務所）
企画協力：樺木　宏（株式会社プレスコンサルティング）
おかのきんや（NPO法人企画のたまご屋さん）

低《てい》リスク順《じゅん》にわかる！預貯金《よちょきん》よりちょっとおトクなお金《かね》の増《ふ》やし方《かた》

発行日　2024年 11月 10日　　第1版第1刷

著　者　永江《ながえ》　将典《まさのり》

発行者　斉藤　和邦
発行所　株式会社　秀和システム
〒135-0016
東京都江東区東陽2-4-2　新宮ビル2F
Tel 03-6264-3105（販売）Fax 03-6264-3094
印刷所　三松堂印刷株式会社　　Printed in Japan

ISBN978-4-7980-7321-7 C0033